Cristina **Lopes**

Guia de gerenciamento por categorias

3ª edição

Como colocar nas prateleiras da sua loja os produtos certos para seus clientes

M.Books do Brasil Editora Ltda.

Rua Jorge Americano, 61 - Alto da Lapa
05083-130 - São Paulo - SP - Telefones: (11) 3645-0409
www.mbooks.com.br

Dados de Catalogação na Publicação

LOPES, Cristina
Guia de Gerenciamento por Categorias –
Como colocar nas prateleiras da sua loja os produtos certos
para seus clientes/Cristina Lopes
2017 – São Paulo – M.Books do Brasil Editora Ltda.

1. Marketing   2. Varejo   3. Vendas   4. Distribuição
5. Administração de Vendas

ISBN: 978-85-7680-198-6

Do original: Le guide du Category Management – se différencier
en optimisant la gestion des catégories

Original publicado por Eyrolles
ISBN original: 978-2-212-54748-1

© 2011 Groupe Eyrolles
© 2013, 2015, 2017 M.Books do Brasil Editora Ltda.

Editor: Milton Mira de Assumpção Filho

Tradução: Cristina Lopes

Produção Editorial: Beatriz Simões Araújo e Carolina Evangelista

Editoração: Crontec

2017 – 3ª edição
Direitos exclusivos cedidos à
M.Books do Brasil Editora Ltda.
Proibida a reprodução total ou parcial.
Os infratores serão punidos na forma da lei.

Guia de
gerenciamento por categorias

Agradecimentos

Gostaria de agradecer a Richard Caillat, por ter sido o primeiro a acreditar e investir em meu livro, bem como à equipe HighCo dedicada a este projeto, especialmente Aurore Tahir.

Jean Charles Naouri, por seu suporte e seu engajamento nesta iniciativa.

Jean Duboc, que me apoiou em toda revisão do texto em francês e é meu **grande** companheiro no dia a dia.

Milton Assumpção (M.Books) por ter sido o editor que aceitou investir em meu livro no Brasil.

Prólogo

O Gerenciamento por Categorias é um tipo de monstro do Lago Ness do marketing na França. Todo mundo fala, ninguém verdadeiramente viu... Todos acreditam que fazem, e ninguém conhece verdadeiramente a definição. Evidentemente, isso é uma caricatura, ainda que bem próxima da realidade.

O Gerenciamento por Categorias é a base do comércio, e deveria constituir a base do marketing para o grande consumo. Simplesmente porque é a expressão da realidade do *shopper*. É a observação do seu comportamento.

É também muita lógica e bom senso. Paradoxalmente, os livros, as formações e o trabalho de pesquisa sobre o "Gerenciamento por Categorias" são raros, e nem sempre recentes. É por esta razão que, quando Cristina Lopes me apresentou seu projeto, eu dei meu "de acordo" imediatamente para apoiá-la e acompanhá-la.

Ela é uma expert reconhecida e alimenta sua análise de práticas exemplares dos Estados Unidos e do Brasil, em particular. Nós dividimos a mesma convicção essencial sobre a falta de colaboração global entre varejo e indústria. A HighCo trabalha todos os dias sobre essa relação tríptica Varejo/Marca/Consumidor. Nós tentamos continuamente otimizar esta relação complexa, particularmente por meio da inovação.

Cristina Lopes e sua equipe realizaram um trabalho profundo, no qual se esforçam em deixar acessível e prático. Isto reforça a necessidade absoluta de ler e se inspirar.

Richard Caillat
Presidente da HighCo.

*Dedico este livro aos meus pais Floriano e Angélica,
meu irmão Jorge, meus filhos Priscila, Patrícia e Diego,
ao meu neto Matheus e ao meu afilhado Gustavo.*

Sumário

Prefácio 15

Introdução 16
    Como começou o gerenciamento por categorias? 16
    A associação ECR 16
    Uma metodologia utilizada no Mundo e ao redor do mundo 17
    Os desafios de um Category Manager 18
    Crise e Category Management 19

Parte 1
Os Grandes Princípios do Gerenciamento por Categorias 21

Capítulo 1 ■
O Conceito de Gerenciamento por Categorias 22

Diferença entre *shopper* e consumidor 22

O conceito de gerenciamento por categorias? 23
    Os quatro pilares do Gerenciamento por Categorias 24

Realidade brasileira 25

O que é gestão de espaço? 26

Cluster e a clusterização 26
    O que é um cluster? 26
    Os critérios de clusterização 27
    Exemplo de clusterização 28
    Os interesses da clusterização 31
    Uma experiência que deu certo na Johnson & Johnson (J&J) 31

Sumário **9**

Capítulo 2 ■

O Comportamento do *Shopper*..33

Tendências de comportamento do *shopper* **33**
   Millennials conhecida, também, como Geração Y **33**
   Bônus demográfico **41**
      Os seniores por faixa de idade...43
      Um mercado com poder de compra 44
      As principais despesas...44
      Duas categorias de internautas dentro dos seniores 44

Adaptar os produtos aos *shoppers* **45**
   O que é um produto funcional? **45**
   E os produtos orgânicos? **45**
      Como se comportam os produtos orgânicos no Brasil?................45
      Quais são os lugares para comprar orgânicos no Brasil?.............46

Capítulo 3 ■

O Estudo do *Shopper*..49

A difícil lógica de compra do *shopper* **49**

A importância do estudo do *shopper* **49**

Aplicação do estudo do *shopper* **50**
   Quais são os "benefícios" de um estudo do *shopper* qualitativo? **51**
   Quais são os "benefícios" de um estudo do *shopper* quantitativo? **51**

Os outros interesses de estudo do *shopper* **52**
   Um olhar em direção ao futuro **52**
   As inovações que facilitam a vida **53**

Capítulo 4 ■

Desafio: Repensar as Soluções *Shoppers* Derrubando os Pré-julgamentos do Gerenciamento por Categorias 57

Adaptar-se aos hábitos do *shopper* **57**

O que é uma "solução"? **57**

Como propor as boas soluções? **58**

Exemplo de solução – mundo do bebê **58**
   A estratégia da rede **58**
   Fidelizar os *shoppers* **59**

10 Guia de Gerenciamento por Categorias

As soluções permitem também ser uma forma de fidelização se responder às necessidades de seus clientes 59
Na prática **59**

Outros exemplos de solução no mundo **62**

Exemplo da solução *douce parenthèse* **66**
Por que essa solução? **66**
Quais são os objetivos da solução *douce parenthèse*? **67**
A iniciativa **67**
Na prática **68**
Qual é a percepção da solução *douce parenthèse*? **71**

A importância do *layout* (segmentação da categoria) para uma loja **72**
Quem são os maus alunos? **75**
E os bons alunos? **76**

Pensar cliente **77**

Capítulo 5 ■

Como Preparar Minha Empresa para Aplicar o Gerenciamento por Categorias **81**

Aplicar a metodologia **81**

O papel de quem decide **81**
O planejamento **82**
As mudanças organizacionais **82**

O início **82**
Pré-projeto **83**
Definição da equipe que irá compor o grupo de trabalho 83
Definição do comitê 83
Desenvolvimento de um logo e comunicação via Intranet (desejável) 83
Contrato de confidencialidade 84
Organização (indispensável) 85
Plano de motivação (desejável) 91
Seminário anual sobre Gerenciamento por Categorias 91
Plano de formação (indispensável) 93
As pesquisas com o *shopper* **94**
A implementação do projeto **95**

Parte II

A Metodologia Passo a Passo 99

Passo 1 ▪

Definição da Categoria 101

As necessidades do *shopper* 103
A abrangência 104
Estabelecer uma solução 105
O layout 106
Os objetivos da solução "momento de prazer" 106
A árvore de decisão 107
Os objetivos da pesquisa com o shopper 107
Os critérios para analisar o processo de compra 107
A hierarquia dos critérios de decisão ou a razão de compra do shopper
da categoria 108
A árvore de decisão da categoria refrigerantes 108

A segmentação da categoria 110

Passo 2 ▪

Papel da Categoria 113

Papel "destino" 114

Papel "rotina" 118

Papel "ocasional" ou "sazonal" 119

Papel "conveniência" 121

Como escolher o papel da categoria? 121
Papel da categoria 122
Análise por multicategoria 122
Análise por meio de dados do shopper 123

A mudança do papel da categoria 124

Passo 3 ▪

Avaliação da Categoria 127

Uma etapa importante para a indústria 128
O benchmarking 128
A apresentação da avaliação ao varejista 128

12 Guia de Gerenciamento por Categorias

Os dados..128
O papel do capitão da categoria.................................128

Modelos de análises **129**
Análise do mercado **130**
Evolução das vendas em valor, dos preços e dos volumes...........130
Evolução em valor dos setores – CAM (Acumulado Anual Móvel)......131
Evolução em volume dos setores – CAM (Acumulado Ano Móvel)......131
Sazonalidade das vendas por formato.............................132
Temperatura média durante o período forte da sazonalidade.......133
*Contribuição para a evolução do setor líquidos por subcategoria:
total França*...133
Contribuição de líquidos por subcategoria: total hiper..........134
*Contribuição para a evolução por subcategoria e por
rede varejista (hiper)*...135
Evolução do número de produtos por metro linear (hiper).........135
Evolução do número de produtos por metro linear (rede varejista).....136
*Evolução da promoção "pesada" (hiper: ponta de gôndola, tabloides
ponta de gôndola + tabloide)*.....................................136
Análise das marcas **137**
Contribuição para evolução por marca (total hiper + super)......137
Contribuição para evolução por marca (rede varejista)...........137
Análise e síntese dos gaps......................................137
Análise de preços **138**
Análise de sortimento por faixa de preço por subcategoria 138
Contribuição das vendas e da rentabilidade **138**
*Análise das vendas (volume e valor) e rentabilidade por tipo de marca e
subcategoria em relação ao mercado*...............................138

Passo 4 ■

Scorecard..**141**

Os testes em loja...142

Os parâmetros do *scorecard* 142
O ponto de vista do *shopper*...................................143
Market share 144
Análise das vendas..145
Sortimento..146
Rentabilidade...147
Fluxo de mercadoria 148

As vantagens de um bom *scorecard* 149

Passo 5 ▪

Estratégia da Categoria 153

Os hábitos dos franceses 154

As estratégias 154

As estratégias de marketing 154

Estratégias financeiras 154

Estratégias operacionais 155

Estratégias de imagem 155

Exemplos de estratégias de marketing 157

Estratégias de *supply* 158

Passo 6 ▪

Táticas 163

1. Sortimento 165

Incluir 168

Introduzir um novo produto 168

Introduzir um produto já existente no mercado 169

Substituir 172

Desenvolver (MP ou PP) 172

2. Promoção 172

Promoções sazonais 174

Promoção de oportunidade 175

Promoção de produtos obsoletos 175

Promoção planejada 176

3. *Pricing* 176

Existem dois tipos de posicionamento de preços 176

EDLP 176

Alto e baixo 176

Na prática 177

4. Merchandising 179

Layout 182

O planograma 182

A sinalização 183

Uma sinalização que permite testar, entrar em contato com o produto 184

Uma sinalização explicativa 185

Outras tecnologias a serviço do shopper 185

Bons equipamentos 186

5. Reposição 187

14 Guia de Gerenciamento por Categorias

Passo 7 ■

Implementação 191

Reunião e formação 192
Participantes 192
Apresentação 193

Checklists para não se esquecer de nada 195
Sortimento...197
Pricing/promoção...198
Merchandising e ponto de venda......................................198
Satisfação 199

Passo 8 ■

Revisão do Scorecard 201

O balanço da implementação... 202

Uma tabela de síntese 202

O acompanhamento do scorecard 202
Acompanhamento trimestral...203
Acompanhamento anual..203

PREFÁCIO

Os grandes varejistas, particularmente na França, fazem com pouca frequência análises detalhadas ou apresentações racionais. Abordando o Gerenciamento por Categorias, Cristina Lopes apresenta uma metodologia rigorosa e pragmática para estudar um dos assuntos mais importantes do nosso setor, principalmente hoje em dia. Nossos clientes, sempre bem informados e versáteis, são cada vez mais exigentes quanto à evolução do sortimento de produtos que nós propomos para eles.

Tudo acontece para quem sabe esperar. É a mesma coisa com o tema deste livro. Para colocar em prática o Gerenciamento por Categorias em uma empresa, é necessário, antes de tudo, apoiar-se sobre uma longa cultura de cooperação com seus fornecedores, baseada no respeito mútuo e com a preocupação de dividir o valor agregado de maneira justa. A esse respeito, o desenvolvimento de uma marca própria poderosa pode constituir uma experiência frutífera entre parceiros.

O conhecimento do *shopper* é a segunda condição essencial. Nós dispomos atualmente de técnicas quantitativas para pintar um quadro detalhado dos desejos de nossos clientes e para desenvolver um "comércio de precisão". Além das pesquisas ou sondagens habituais, a análise exaustiva do comportamento de compra dos portadores de cartão fidelidade é um progresso significativo. O cliente, que é analisado rigorosamente, torna-se assim o coração da empresa e é a bússola de todas as decisões.

Enfim, o Gerenciamento por Categorias requer um domínio do multiformato, a fim de encontrar o bom equilíbrio entre as especificidades de uma família de produto e a diversidade das lojas que a desenvolve. Provavelmente essa alquimia é a coisa mais difícil de colocar em prática, porque exige um novo estado de espírito entre as estruturas centralizadas e as lojas, responsabilizando diferentemente cada um dos atores, uns para a evolução da massa de margem e outros pela excelência operacional. É esse equilíbrio que nos ajuda a responder melhor à missão que nós fixamos como "alimentar um mundo de diversidade".

Com este livro, vocês vão dispor das chaves necessárias para levar em conta a maioria desses desafio para adotar uma das melhores práticas de nosso setor de atividade.

Jean-Charles Naouri
Presidente Diretor-geral do Grupo Casino

INTRODUÇÃO

Antes de começar a escrever este livro, realizei uma ampla pesquisa para saber sobre a existência de bibliografia a respeito do tema, e fiquei surpresa em observar que existiam pouquíssimos livros sobre o assunto.

O grande desafio deste guia é viabilizar ao leitor a aplicação da Metodologia do Gerenciamento por Categorias. O livro permite que essa aplicação seja realizada de maneira independente, uma vez que o leitor pode acompanhar cada etapa do processo com exemplos práticos que facilitam a sua compreensão.

Este livro é destinado ao varejo e à indústria que desejam colocar em prática o Gerenciamento por Categorias, para todos os estudantes de Administração de Empresas ou de Marketing e, ainda, para aqueles que se interessam por um gerenciamento mais moderno.

Como começou o gerenciamento por categorias?

Nas décadas de 70 e 80, a taxa de crescimento real dos supermercados nos Estados Unidos caiu por inúmeras razões.

A indústria e o varejo iniciaram então, diversos debates com o objetivo de encontrar oportunidades para viabilizar o aumento da rentabilidade de suas atividades dentro de um mercado sem crescimento.

Ao final da década de 80, aparece uma nova fórmula (canal) de venda: os clubes (Costco, Price, Sam's Club) e o desenvolvimento do *hard discount*.

Nos anos 90, uma experiência realizada entre Procter & Gamble e Walmart gerou bons resultados em função de uma melhora na eficácia operacional. A Consultoria TPG (The Partnering Group) é contratada para formalizar esta metodologia. Nasce então o *Category Management*!

A associação ECR

Os resultados positivos do Walmart e da P&G conduziram outras empresas a se unirem para estudar os resultados possíveis de se atingir com o trabalho desta metodologia.

A Associação ECR (*Efficient Consumer Response*) nasce nos Estados Unidos em 1992 com o seguinte objetivo: *"Integrar a indústria e o varejo, para res-*

ponder às necessidades do shopper de forma eficiente, mais rapidamente e com os custos mais baixos possíveis".

Na Europa, a Associação ECR nasce em 1995 e no Brasil em 1997. O valor de benefícios estimados por esta associação é de 30 bilhões de dólares nos Estados Unidos, com uma redução de estoque de 41%. Na Europa, o ganho estimado foi de 28 bilhões de euros.

Em um primeiro momento, o movimento ECR concentra-se na logística:

- Redução do número de referências para otimizar o estoque;
- Reflexão racional antes da introdução de novos (visibilidade do sortimento);
- Redução de rupturas.

Uma metodologia utilizada no Brasil e ao redor do mundo

O **Category Management** é uma metodologia muito utilizada no segmento alimentar, mas que pode ser adotado por outros segmentos do varejo, tais como: materiais de construção, farmácia, perfumaria, brinquedos, têxtil etc.

Hoje no Brasil, o **Category Management** está sendo aplicado de várias formas. Existem varejistas que abrem todas as informações necessárias para realizar as análises, tais como (venda volume e valor por SKU), existem algumas exceções que fornecem inclusive a rentabilidade e há aqueles que pedem recomendações à indústria levando em conta apenas os dados do mercado e as pesquisas com o *shopper.*

Nestes casos, normalmente, o varejista pede as informações e/ou análises a seus fornecedores que vão fazer uma recomendação. Em seguida, o varejista analisa as diferentes recomendações elaboradas pelos seus fornecedores e toma a sua decisão sozinho, aquela que em sua opinião é a mais adequada à sua rede de lojas. Existem também os varejistas que escolhem apenas um fornecedor, aquele em que eles têm mais confiança, e pedem propostas. Depois, eles pedem a um "cocapitão" para verificar o trabalho feito pelo capitão.

É um desvio do espírito inicial, fundamentado na troca e confiança mútua. As pesquisas *shopper* são estudos caros e certamente uma indústria não quer que seu investimento e conhecimento do *shopper* de sua categoria sejam divididos com seus concorrentes.

Existem algumas empresas que apenas "terceirizam" o planograma, ou seja, passam os dados de vendas para que a indústria possa definir o número de frentes e o conceito do planograma, mas vetam a possibilidade de fazer propostas em relação ao sortimento.

A metodologia do **Category Management** é fundamentada em uma parceria entre indústria e varejo que trocam "gratuitamente" os dados. Se não existe a troca, a iniciativa de confiança preconizada pela metodologia não estará sendo respeitada. Logo, estes dois protagonistas deverão trabalhar de forma diferente a fim de poder aplicar o **Category Management.**

Embora GC seja um "serviço" que a indústria oferece aos seus clientes varejistas, nem todos têm acesso, pois fica concentrado nos grandes clientes, também conhecidos como *key accounts* (clientes-chave: alta representatividade nas vendas da indústria). Logo, a maioria dos varejistas brasileiros não tem acesso.

Estes resolveram fazer GC de forma independente. Quem fez essa última escolha, fez por dois motivos: ou não são *Key accounts* e, portanto, não têm acesso ou tiveram uma má experiência no passado com algum fornecedor. O que seria esta má experiência? Seria quando a indústria fez recomendações "parciais" e consequentemente a premissa ética de imparcialidade foi ferida e eles perderam a confiança.

Em função disto, cada dia mais os varejistas de médio e pequeno porte optam por fazer GC por conta própria, como garantia de obter os melhores resultados para as suas empresas de forma imparcial e focada.

A indústria faz investimentos de pesquisa com o *shopper*. Algumas em maior profundidade e mais complexas que outras. Todas as recomendações feitas pela indústria são fundamentadas nessas pesquisas. A parte de merchandising é retrabalhada e o planograma responde às necessidades do *shopper* uma vez que elas respeitam seus critérios de compra.

A realidade é que para alguns varejistas a "parceria" jamais foi construída. Os fornecedores são ainda considerados "inimigos" que dão condições diferentes a seus concorrentes. Eles estão sempre em guerra com os varejistas e mudar seu "chapéu negociação" para um "chapéu parceiro" é ainda um desafio.

A importância do **Category Management** na indústria está diretamente ligada à sua organização e à sua capacidade de imparcialidade, de conquistar a confiança de seu cliente (o varejista). O maior desafio para a indústria é pensar na categoria antes da marca. Existem empresas em que isso é praticamente uma "missão impossível".

Os Desafios de um Category Manager

Durante nossas entrevistas, fizemos a seguinte pergunta: qual é o desafio do gerente de categorias hoje?

As respostas estão expostas em ordem de importância, ou seja, da maior frequência para a menor:

- Conhecer o comportamento de compra e as expectativas do *shopper*, e colocá-las em perspectiva com os problemas das redes varejistas, a fim de antecipar as tendências de médio prazo e dar respostas pertinentes;
- Encontrar soluções rentáveis para a categoria e não para a marca;
- Ter a capacidade de estabelecer uma troca em relação à estratégia da rede varejista e da indústria para que juntos possam fazer a categoria crescer: parceria;
- Favorecer novos *shoppers* na loja e otimizar o sortimento na gôndola;
- Desconectar o gerente de categoria das vendas (separar *key account – catman*);
- Ser o interlocutor preferido da categoria para seus clientes (varejo) e ser reconhecido como o *expert* de sua categoria;
- Ganhar a credibilidade do varejista com uma lógica *shopper* que traga soluções que justifiquem o investimento;
- Fazer a diferença e agregar valor para o *shopper* e para a categoria através de soluções criativas que saiam do tradicional;
- Favorecer o *cross merchandising*, adotando uma estratégia de rentabilidade;
- Desenvolver o aumento da frequência de compra em uma categoria sazonal;
- Gerar uma dupla pressão – econômica e organizacional. Encontrar o desenvolvimento de crescimento com diferenciações específicas por rede varejista, ou seja, fazer mais com menos. Em outras palavras, fazer o específico para cada cliente da forma mais econômica possível;
- Criar valor para categorias básicas;
- Entender melhor a segmentação a fim de facilitar a experiência de compra do *shopper* em loja.

Crise e category management

Em momentos de crise econômica, o Category Management é ainda mais estratégico. Ele ajuda em análises mais técnicas, permite ao varejo aumentar suas vendas e margens, ou os dois, sempre respeitando a coerência com o mix de marcas entre MP (marca própria do varejista), MN (marca nacional) e PP (primeiro preço).

Ele pode também ajudar a reduzir custos de estoque, melhorar o fluxo de caixa e permite um trabalho conjunto de toda rede de distribuição com o objetivo de responder mais rapidamente às expectativas e necessidades do *shopper*.

Enfim, o **Category Management** além de melhor responder às necessidades e expectativas do *shopper*, permite adaptar-se às mudanças de seus hábitos de consumo e ser um vetor de sucesso para a estratégia da rede varejista. Para isso, é necessário aceitar que o CLIENTE esteja no coração das preocupações de todos.

Você está pronto para testar?

Albert Einstein não falou antes dos 4 anos e não leu antes dos 7 anos. Seu professor o descreveu como sendo "mentalmente lento", antissocial e alguém que divagava em seus sonhos idiotas.

Sua admissão na Polytechnic School of Zurich foi recusada.

"O avião é uma invenção interessante, mas jamais vai ter uma utilidade militar."

Marechal Foch, formado pela Escola de Guerra, 1911.

"Eles não têm futuro... São mais um destes tipos de grupo que fazem muito barulho."

Diretor de uma gravadora, após ter escutado uma demo dos Beatles.

Parte I

Os grandes princípios do Gerenciamento por Categorias

Capítulo 1 ■
O conceito de Gerenciamento por Categorias

Este capítulo tem como objetivo tratar rapidamente de alguns pontos conceituais do Gerenciamento por Categorias, de modo a facilitar a leitura e a compreensão deste livro.

■ DIFERENÇA ENTRE *SHOPPER* E CONSUMIDOR

O *shopper* é a pessoa que compra o produto. O consumidor é aquele que utiliza. Muitas vezes, o consumidor e o *shopper* são a mesma pessoa, isso ocorre quando ele compra para si mesmo. Por exemplo: eu faço as compras para minha casa e para a minha família, quando compro o desodorante do meu marido, sou a *shopper*, quando compro meu xampu, sou a *shopper* e também a consumidora. O departamento de marketing da indústria visa o consumidor e o departamento de *Trade Marketing* (*Category Manager*) visa o *shopper*.

O *shopper* é responsável pelo **ticket médio** e o consumidor pelo *market share*.

O departamento de Gerenciamento por Categorias visa o *shopper*, e procura conhecer tudo a seu respeito e de seu comportamento de compra, a fim de poder facilitar sua vida no ponto de venda e, portanto, melhor atender suas expectativas.

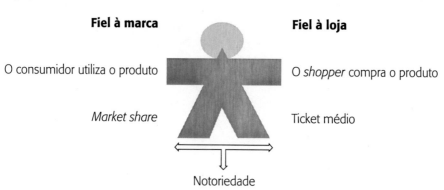

■ O CONCEITO DE GERENCIAMENTO POR CATEGORIAS?

É um processo permanente entre a indústria e o varejo, que tem como objetivo gerenciar uma categoria como uma unidade estratégica de negócio, para trazer mais satisfação ao *shopper*, melhor atender às suas necessidades, acompanhar a evolução do mercado e, como consequência, contribuir para seu crescimento.

A Metodologia de Gerenciamento por Categorias padrão consiste em oito passos:

A parceria pode ter a iniciativa da indústria ou do varejo.

Uma vez que os fornecedores escolhem ou aceitam trabalhar em parceria com o varejo, eles são reconhecidos como **"capitão da categoria"**. Quer dizer que serão estes que farão propostas aos varejistas quanto a maneira de gerenciar a categoria. Vale ressaltar que a validação dessas "propostas" realizadas durante o processo será sempre de responsabilidade dos varejistas.

O Gerenciamento por Categorias pressupõe a troca de dados confidenciais. São considerados dados confidenciais dos fornecedores todas as informações de pesquisa com o *shopper*. E as do varejo, as vendas em valor e em volume das categorias.

Aqueles que querem ir ainda mais longe nesse processo podem também compartilhar as informações de rentabilidade, mas mesmo o Walmart nos

EUA, que deu início a essa metodologia, não fornece este tipo de informação. São informações que continuam confidenciais.

Os quatro pilares do Gerenciamento por Categorias

Os quatro principais pilares da metodologia são:

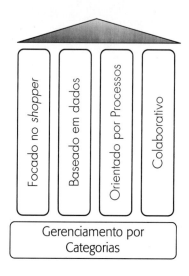

- Focado no *shopper*: o processo de Gerenciamento por Categorias (conhecido por *Catman*) é totalmente fundamentado no *shopper* para melhor entender seu processo de compra, seus hábitos e atitudes;
- Baseado em dados: é um processo que analisa as informações externas (mercado), mas também as internas (varejo), e não opiniões pessoais, "achismos", emoções ou intuições;
- Orientado por processo: é uma metodologia racional baseada em um processo rigoroso de oito passos;
- Colaborativo: através da colaboração entre fornecedor e varejista que vão trabalhar JUNTOS para o crescimento da categoria.

Esses pilares ajudam fornecedores e varejistas a desenvolver de forma **imparcial** e **rentável** a categoria, sempre atendendo às necessidades de seus clientes. A imparcialidade é um valor da metodologia, porém é verdade que na vida real alguns fornecedores tentam obter uma melhor posição de sua marca na gôndola, um layout que os favoreçam, ou ainda uma identidade visual com destaque de sua marca ou pelo menos das cores de sua marca, para que os clientes façam uma possível analogia.

Apesar de tudo, ao me confrontar com esse tipo de situação, sempre pensei: "eles tiveram um grande trabalho de análise com a categoria, por que eu não poderia 'fechar os olhos' desta vez? Isto vai mudar o quê? Isto vai prejudicar o crescimento da categoria? Não? Então, está aceito!".

Conheço o *catman* de uma indústria que teve problemas internos quando excluiu uma marca sem performance de seu portfólio; tal fato gerou problemas tanto com o comercial quanto com o marketing, ficaram ambos inconformados! Contudo, nesse fornecedor, o Gerenciamento por Categorias respondia diretamente ao Presidente, e este apoiou a decisão do *catman*. A estrutura organizacional é muito importante para o bom funcionamento do Gerenciamento por Categorias, pois é ela que vai garantir a imparcialidade e objetividade.

▪ REALIDADE BRASILEIRA

No Brasil, como em qualquer lugar do mundo, o Gerenciamento por Categorias é feito normalmente pelos grandes fornecedores aos grandes varejistas. Por que? Porque a equipe é pequena e não dá conta de fazer para todos. Hoje, em função da importância desta metodologia, já existem equipes que atendem os principais clientes regionais, como a Unilever, por exemplo, que já possui uma estrutura dedicada a este canal.

Por que os capitães são geralmente os líderes de mercado? Porque investem mais em pesquisa com o *shopper*, o que as médias e pequenas indústria não fazem.

Como até pouco tempo o GC não fazia parte deste tipo e tamanho de varejos, nós da Evolution, atendíamos este canal que queria ter uma ferramenta que permitisse uma boa análise de seu sortimento. Trabalhar com os médios varejistas, foi muito interessante, mas colocou-me diante de uma nova realidade que, até então, desconhecia.

A pressão que é feita em cima dessas empresas, é no mínimo, revoltante. Essas mesmas grandes indústrias que pregam o GC, "obrigam" seus clientes a ter tal e tal produto no portfólio, caso contrário não vão se beneficiar de tal e tal desconto ou ainda pior, não terão o direito de compra desses mesmos produtos. Isso nos grandes varejistas, como Carrefour, Walmart, Grupo Pão de Açúcar, não existe. É claro que estarão sempre lutando pelos seus produtos no ponto de venda, mas não da mesma forma. Entendo que o comercial do fornecedor seja cobrado pelo mix por canal, mas, se um produto ou marca não gira, como se dará este alinhamento? O GC sugere a exclusão e o comercial pressiona com suas condições para abastecimento. É claro que neste

26 Guia de Gerenciamento por Categorias

caso deverá ser proposto uma renegociação, mas o "lindo" discurso da indústria de que o sortimento e, consequentemente, o pedido deve ser gerado pela demanda, não é o que vemos na prática.

■ O QUE É GESTÃO DE ESPAÇO?

É a implementação do planograma do fornecedor sem fazer as análises de sortimento do varejista.

O fornecedor que trabalha com Gerenciamento por Categorias possui dados do *shopper* de sua categoria através das pesquisas que realizaram com institutos especializados. Um dos dados que podemos extrair desse estudo é a segmentação da categoria de acordo com o ponto de vista do *shopper,* o que leva em conta a árvore de decisão. Em posse dessas informações, e dos dados de mercado, os fornecedores definem o layout da categoria. Ou seja, eles têm todas as ferramentas para oferecer um planograma que esteja de acordo com a árvore de decisão de compra do *shopper* e a participação no mercado. Logo, as subcategorias terão seu tamanho apropriado de acordo com sua venda, como também as marcas nela inseridas.

Uma vez que o planograma foi feito e aprovado internamente pela indústria, é necessário implementar nos varejistas. Ele poderá ser adaptado de acordo com a realidade de cada rede de varejo.

Raramente os varejistas fazem pesquisa com o *shopper*, na maior parte do tempo eles utilizam dados de mercado para ajustar o espaço dedicado para cada marca. Porém a maioria deles não tem acesso aos dados de mercado. A conjunção destas duas coisas: falta de informação do *shopper* e falta de informação de mercado não permite ao varejista fazer um planograma que atenda às necessidades de seus clientes.

Quando os varejistas e fornecedores focam apenas no merchandising, estão fazendo gerenciamento de espaço e não Gerenciamento por Categorias, mesmo que o merchandising seja uma das táticas da metodologia.

Em realidade, a gestão de espaço considera somente as recomendações do planograma, sem trabalhar o sortimento do varejista. Por essa razão e sabendo dessas carências que os varejistas fazem uso de revistas especializadas com o objetivo de obter informações que possam ajudá-los na performance de seu negócio.

■ CLUSTER E A CLUSTERIZAÇÃO

Vou terminar este capítulo com um ponto essencial do Gerenciamento por Categorias: o que é *cluster* e *clusterização.*

O que é um cluster?

É a segmentação, o corte e reagrupamento de elementos diferentes em torno de características similares.

O objetivo é facilitar a gestão:

- do sortimento (inclusão ou exclusão de produtos);
- do merchandising (planograma específico por *cluster*);
- das promoções (tabloide por *cluster*);
- da logística (entrega direta em loja ou *cross docking*);
- da definição da estratégia;
- dos preços (por área de atuação X concorrência), etc.

Ou seja, tudo que permite melhorar a gestão e que responda da melhor maneira possível às expectativas do *shopper* de cada loja.

Os critérios de clusterização

Nós podemos escolher vários critérios para *clusterizar* as lojas, mas recomendo limitar o número de critérios para no máximo 3 (três). Acima disso, ficaria muito sofisticado e consequentemente muito complexo.

Vamos utilizar um exemplo de cluster para um varejista "imaginário" e supor que ele queira "clusterizar" suas lojas. Temos de pensar como a rede deseja segmentar, quer dizer, clusterizar. Vejamos os critérios de clusterização que poderíamos utilizar:

- **por tipo de loja**: hiper, super, proximidade (conveniência);
- **por tamanho**: PP (muito pequena), P (pequena), M (média), G (grande), GG (muito grande). Nesse caso, teríamos de definir o tamanho de "cada segmentação", "cada cluster". Minha recomendação é não utilizar apenas o m^2 da área de venda da loja, mas utilizar também o número de módulos ou o número de metros lineares. A segmentação clássica por tamanho é por m^2 da área de venda. Quando uma rede considera apenas o tamanho da loja por m^2, e não pelo número de módulos, ela irá classificar suas lojas em pequena, média e grande, por exemplo. Como consequência, ela poderá ter duas lojas classificadas em tamanho diferentes, porém com o mesmo número de módulos, logo um sortimento distinto, quando deveria ter sido o mesmo. Porém, se a clusterização de tamanho for para fazer layout de loja, neste caso devemos manter o metro quadrado de área de venda, pois atenderá perfeitamente às necessidades;
- **por etnia**: muito utilizado nos Estados Unidos, mas proibido na França e sem informação deste tipo no Brasil. É um cluster que considera as diferentes etnias por área de atuação. Por exemplo, clusterizar as lojas levando em conta as etnias presentes ao redor de cada loja: chineses, mexicanos,

brasileiros, e por consequência ter sortimento específico. Na França, existe a Comissão Nacional Consultiva dos Direitos do Homem (CNCDH) que regulamenta esse assunto e proíbe a sua utilização. Por outro lado, acho que é uma pena não levar em conta as especificidades uma vez que elas permitem à rede de melhor satisfazer o *shopper,* e evidentemente sem nenhuma conotação preconceituosa;

- **por classificação socioeconômica**: muito utilizada em países em fase de desenvolvimento, uma vez que as diferenças socioeconômicas interferem diretamente na escolha dos produtos, mas também proibida na França, onde de qualquer forma esses fatores são menos relevantes. Mas podemos clusterizar as lojas em função do poder de compra da área de atuação;
- **por ambiente concorrencial**: identificar o nível concorrencial ao redor das lojas para definir a agressividade da área de atuação (forte, média, fraca). De forma habitual, essa clusterização será utilizada para o *pricing*;
- **por tipo de cliente**: nesse caso seria por estilo de vida, por comportamento de compra, ou qualquer outra classificação que cada empresa poderá definir. Vejamos alguns exemplos:
  - Econômicos: presta muita atenção aos preços,
  - Familiar: cliente que têm filhos,
  - Jovem mamãe: *shopper* com crianças pequenas,
  - Modernos: cliente que segue tendência, que compra tecnologia, novidades, etc.,
  - Esportivo: cliente que cuida do seu corpo e da sua saúde, que presta atenção ao que come (produto light, funcional, etc.),
  - Orgânico ou Ecológico: cliente preocupado com a saúde, com o planeta e que consome produtos bio ou produtos que respeitam o ambiente,
    (E existem outros milhares de possibilidades... Enfim, não desejo ser exaustiva em relação a esse assunto, sabendo que existem empresas especializadas nesse tipo de trabalho de *tipologia de cliente* e muitos varejistas já trabalham com elas.).

A dificuldade de uma boa construção de cluster é segmentar adequadamente e hierarquizar essa segmentação. Depois, definir o critério para cada segmentação e ter a certeza de que tudo estará de acordo com a estratégia da empresa.

Uma vez escolhidos os critérios, o trabalho é simples porque faltará apenas classificar as lojas ou clientes dentro dos critérios escolhidos.

Exemplo de clusterização

A rede do nosso exemplo é organizada por formato de loja. Dessa maneira, as responsabilidades de cada um estarão claramente identificadas por cada formato.

O Conceito de Gerenciamento por Categorias   29

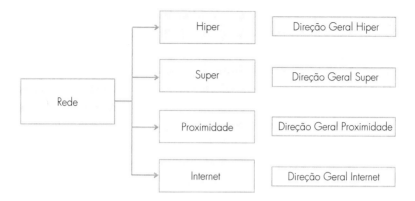

Vamos agora escolher o maior formato, ou seja, o hipermercado, e de acordo com o nosso exemplo vamos analisar a categoria "Leite Industrializado". Este exemplo pode se aplicar evidentemente a outros formatos.

O primeiro critério de clusterização escolhido é o tamanho, uma vez que ele vai determinar a profundidade do sortimento da categoria. Abaixo você encontrará um exemplo de divisão por tamanho e a característica da segmentação.

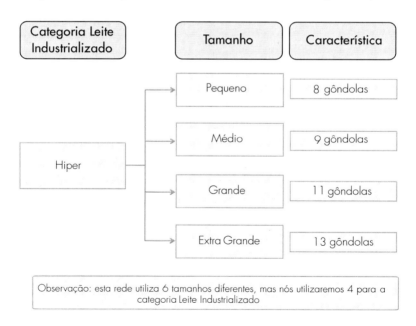

O segundo critério escolhido é a tipologia do cliente. Depois de ter selecionado esses dois critérios, teremos o seguinte cluster:

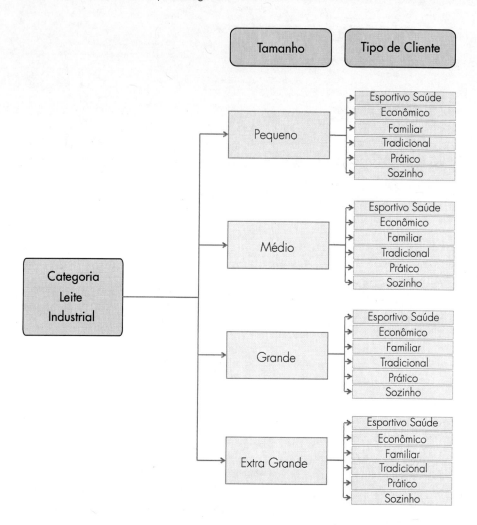

É claro que as lojas têm todos os tipos de clientes, mas sempre há um, dois ou três tipos que são predominantes. O sortimento poderá, desta forma, responder a essa clientela, seja pela diferenciação do sortimento de forma qualitativa, seja por um número de *facings* diferente por produto.

Para aqueles que querem ser ainda mais precisos e querem ir a fundo nessa iniciativa, podem então elaborar o sortimento loja a loja. Para fazer isto de forma permanente e para todas as categorias, é necessário ter um sistema de informática que permita industrializar todas as análises e propostas, uma vez que manualmente é impossível.

Os interesses da clusterização

Os clusters nos ajudam a estabelecer a convergência entre sortimento, serviço, planograma, categoria estratégica e os *shoppers*. Isto permite melhor atender às diferentes expectativas dos clientes em uma mesma loja, uma mesma rede ou de uma marca.

Esse critério pode também ser utilizado pela indústria para clusterizar seus próprios clientes (os varejistas).

Uma experiência que deu certo na Johnson & Johnson (J&J)

Utilizei muitos clusters na J&J para definir os investimentos realizados em merchandising. Nós detectamos que, no momento do lançamento de um novo produto, o departamento de marketing produzia os materiais de PDV (ponto de venda) mais por hábito e rotina do que pela realidade dos resultados obtidos. Uma grande parte desse material não era aceito pelos varejistas e, portanto, não era utilizada. Resultado, muito material empilhado nos centros de distribuição e dinheiro jogado fora.

Realizamos então uma pesquisa de tudo que seria desejável para cada grande varejista e para cada formato. Em seguida, verificamos a quantidade de material (*stopper*, banner, etc.) que seria possível colocar em cada loja, e também a reposição necessária (material danificado em loja ou durante o transporte). Depois, identificamos a importância estratégica de cada categoria para cada varejista. E, por fim, a importância do varejista para a J&J.

Conseguimos eliminar os excedentes de material e começamos a fazer a quantidade exata. Resultado: eficácia na implementação, cliente estratégico satisfeito e uma redução de despesas significativa.

A fim de construir os clusters para os clientes, seja para o varejista ou fornecedor, é necessário utilizar sempre uma lógica de análise: como eu quero segmentar, quais são as características e como vou analisá-las.

Concluindo, o cluster é uma forma de trabalhar que otimiza a tomada de decisão. Gera ganho de tempo, sem perdas em detalhes emocionais, não mensuráveis ou identificáveis.

Os pontos importantes deste capítulo

- A diferença entre um *shopper* (quem compra) e um consumidor (quem consome).
- O Gerenciamento por Categorias e seus oito passos de implementação.
- A diferença entre Gestão de Espaço e Gerenciamento por Categorias.
- O que é clusterização.

Opinião Profissional: princípios do Gerenciamento por Categoria: utopia ou realidade?

O *shopper* nunca teve tanto poder como nesta última década! Simplesmente com um *smartphone* ele consegue saber o que está acontecendo no mundo, político, econômico, financeiro, cotidiano e claro sobre os produtos que deseja consumir. Esta facilidade torna cada vez mais difícil para a indústria e varejo, escolher os meios de comunicar e fidelizar o *shopper*.

É neste momento que a relação colaborativa entre indústria e varejo passa a ter uma importância ainda maior, pois os custos operacionais para ambos têm aumentado e a maneira de poder preservar margens é desenvolver ações em conjunto que possam atrair o *shopper* a consumir o produto e escolher a loja.

Com o Gerenciamento por Categoria, a indústria e o varejo aproximam o produto e a loja do *shopper,* causando nele uma satisfação de experiência de compra que fará com que volte à loja e compre o produto que deseja.

No Brasil os desafios são muitos, pois a confiança entre as partes está crescendo lentamente, mas todos sabem que este processo de troca de informações é necessário. Ambos desejam a fidelização do *shopper,* o qual assegurará o desenvolvimento e crescimento da indústria e varejo.

Quando falo dos grandes desafios no Brasil, aponto principalmente a importância das lojas independentes, a qual ainda não se tem escala, mas possuem o relacionamento do *shopper* com a comunidade local, representam uma grande parcela da economia e estão a cada dia mais aumentando de acordo com a preferência dos clientes. Afinal com maior estabilidade econômica no País o *shopper* vai mais vezes lojas e precisa encontrar o que procura com facilidade, não deseja enfrentar longas filas, tão pouco tempo de locomoção. Prefere ir comprar nas lojas de proximidade ao lado de sua casa. Esta mudança de comportamento está alterando a estratégia dos grandes *players* do mercado brasileiro, fazendo com que os investimentos sejam para lojas menores dentro dos bairros. A indústria precisará levar o GC para estas lojas, diretamente ou indiretamente como já acontece com investimentos de atacadistas ou distribuidores que estão aplicando o gerenciamento de espaço e em alguns casos o GC.

Os varejistas que sobreviverão não aqueles que somente tiverem escala, mas aqueles que se melhor às mudanças de comportamento do *shopper*.

Gilmario Torre Cavalcante

Diretor-geral da Smart Supermercados
Grupo Martins

Capítulo 2 ■

O comportamento do *shopper*

■ TENDÊNCIAS DE COMPORTAMENTO DO *SHOPPER*

Hoje, as coisas mudam em um ritmo mais rápido. Darwin disse: "Não é o mais forte que sobrevive, nem o mais inteligente. Mas o que melhor se adapta às mudanças". Esta frase é muito atual e temos vários conceitos novos: *millennials, omnichannel, m-commerce, drive* etc.

Vamos abordar com um pouco mais de detalhes essas tendências.

Millennials conhecida, também, como Geração Y

Segundo a Wikipédia, a Geração Y, também chamada "geração do milênio", "geração da internet" ou *millenials*, é um conceito em Sociologia que se refere, segundo alguns autores, à corte dos nascidos após 1980 e, segundo outros, de meados da década de 1970 até meados da década de 1990, sendo sucedida pela Geração Z.

Essa geração se desenvolveu em uma época de grandes avanços tecnológicos e prosperidade econômica. Os pais, não querendo repetir o "abandono" das gerações anteriores, encheram-nos de presentes, atenções e atividades, fomentando a autoestima de seus filhos. Eles cresceram vivendo em ação, estimulados por atividades, fazendo tarefas múltiplas. Acostumados a conseguir o que querem, não se sujeitam às tarefas subalternas de início de carreira e lutam por salários ambiciosos desde cedo. É comum que os jovens dessa geração troquem de emprego com frequência em busca de oportunidades que ofereçam mais desafios e crescimento profissional. Uma de suas características é a utilização de aparelhos de alta tecnologia, como *smartphones*, para muitas outras finalidades além de apenas fazer e receber ligações como característico das gerações anteriores.

Esta geração conta hoje com 2,5 bilhões de jovens, equivalente a 1/3 da população mundial, ou seja, é extremamente importante entender quem são, como pensam, como agem.

34 Guia de Gerenciamento por Categorias

Cresceram em um mundo digital e estão, desde sempre, familiarizados com dispositivos móveis e comunicação em tempo real, como tal são consumidores exigentes, informados e com peso na tomada de decisões de compra. Eles são a primeira geração verdadeiramente "globalizada", cresceram com a tecnologia e usam-na desde a primeira infância. A internet é, para eles, uma necessidade básica e, com o seu acesso facilitado, desenvolveram uma grande capacidade em estabelecer e manter relações pessoais próximas, ainda que à distância. A tecnologia e os dispositivos móveis (*tablets* e *smartphones*), em particular, criaram condições para os *millennials* ligarem-se e comunicarem-se como nenhuma outra geração o tinha feito antes, permitindo partilhar experiências, trocar impressões, comparar, aconselhar, e criar e divulgar conteúdos, que são o fundamento das redes sociais. É a era da *conectividade*.

Os *millennials* têm a expectativa de ter informação e entretenimento disponíveis em qualquer lugar e em qualquer hora. Alch (2000) afirma que eles têm de sentir que controlam o ambiente onde estão inseridos, têm de obter informação de forma fácil e rápida e têm de estarem aptos a ter vidas menos "estruturadas".

Enquanto grupo crescente, tem se tornado o público-alvo das ofertas de novos serviços e na difusão de novas tecnologias. As empresas desses segmentos visam a atender essa nova geração de consumidores, que constitui um público exigente e ávido por inovações. Preocupados com o meio ambiente e as causas sociais, têm um ponto de vista diferente das gerações anteriores, que viveram épocas de guerras e desemprego.

Eles são totalmente conectados, têm propósitos, são críticos, idealistas, liberais, interagem, o prazer determina suas escolhas, geralmente, não buscam status e estabilidade.

Esta geração logo descobriu que *informação* e *oportunidade* são palavras de ordem, que modificam, revolucionam, oportunizam a todos ao desejoso "lugar ao sol", a que todos ansiamos. As organizações que possuem como clientes esta faixa etária precisam entender e compreender como vivem, o que aspiram, como veem o mundo corporativo, como se inserem neles e como elas podem tirar proveito disso para aumentar e potencializar suas vendas.

Essa geração, em grande parte, é:

- Mais saudável, mais esportiva, luta para abandonar certos vícios como tabagismo, mas, ainda utilizam freneticamente o álcool, cujos índices são muito altos nesta faixa de idade. São adeptos do ar puro, viajam mais, gostam de passeios a países que possuem estruturas para caminhadas, escaladas, hotéis fazenda, gostam de animais de estimação, respeitam o verde, organizam o lixo, são contra qualquer tipo de matança a animais, defendem o meio ambiente, levantam bandeiras da sustentabilidade planetária, se preocupam com a qualidade do ar, discutem melhorias alternativas ao combustível fóssil e passam boa parte do tempo participando de movimentos pela qualidade de vida, através das redes sociais.

- Mais estudiosa, compenetrada, são "nerds" e estão buscando os estudos como meta de melhorar a vida e não somente por status profissional e melhores salários. Estão mais preocupados em conhecer, saber, se capacitar, se habilitar. É uma geração de atitudes fortes, marcantes, individuais e, ao mesmo tempo, de movimentos grupais que os identifiquem. Facilmente levantam bandeiras contra o sistema que os reprime, sobretudo sistemas comprometidos com o uso indiscriminado dos recursos naturais não renováveis.

- Mais vaidosa, cuidam do corpo, da saúde, da beleza produzida em academias de ginástica, se vestem melhor e são mais diversificados, ligam mais para marcas do que as gerações anteriores, mas procuram vestimentas que os identifiquem com movimentos e grupos que participam. Cuidam do corpo a ponto de buscarem mais e mais cuidados médicos, clínicos e cirúrgico-estéticos. Traduzem uma geração que buscam melhorar a aparência, a beleza, mas sem perder a essência de seus conteúdos, dos pensamentos, das ideias, das inteligências de seu tempo.

- Mais cuidadosa com os aspectos de transmissões por vias sexuais, estão mais "ajuizados", usam camisinha, vão a médicos com frequência. Entretanto possuem mais parceiros do que a geração Woodstock. Estão sujeitos a relacionamentos mais curtos, porém mais intensos. Não abrem mão facilmente de suas ideias, ideologias e modo livre de viver a vida.

- Mais trabalhadora, mesmo não vestindo a camisa das empresas, se desfazem facilmente de seus empregos em busca do que realmente gostam de fazer. Buscam colocar o coração no tipo de trabalho que gostariam de desenvolver e enquanto não encontram, a busca fica por conta da descoberta do porquê estão neste mundo e qual o seu propósito.

- Mais consumista, logo trocam a vestimenta, a tecnologia, e o comportamento por outro mais a frente. Segurar esta clientela por um tempo maior é o desafio das grandes organizações hoje em dia. Estão ávidos em consumir, mas são muito livres para que permaneça muito tempo com um vestiário, um celular, um carro, um lugar.

- Mais comunicativa e presente nas redes sociais, estão formando grandes grupos mundiais, atravessando fronteiras, idiomas. Estes movimentos gigantescos lhes dão forças de opinião, e podem alterar as correntes atuais da comunicação. Os jornais, revistas e TV não são mais os únicos veículos de comunicação que "fazem a cabeça" dessa geração. Eles querem voz e vez e a utilizam por meio da internet. A cada ano triplica o número de blogs e sites pessoais, que expõem ideias, intimidades, vontades e a maneira de viver desta geração.

- Mais globalizados procuram entender o que se passa no mundo todo, pelos veículos de comunicação, pelas redes sociais, pelos "movimentos mundiais instantâneos". Não possuem barreiras geográficas, diferenças etárias, socioeconômicas. Aglutinam-se facilmente ao redor de grandes projetos, mudanças sociais, soluções urbanas, políticas, econômicas. São mais interessados em serem autores das grandes revoluções e modificações que o planeta precisa do que receptores. Perceberam há muito que possuem o poder da comunicação e por nada abrirão mão dele para se expressarem.
- Estão estatisticamente vivendo mais tempo com os pais, deixando para morar sozinhos ou casarem-se na faixa dos 30 anos, pois os conflitos são menores, e por eles conseguirem estabelecer uma boa comunicação com os pais e até conseguir modificar velhos preceitos, preconceitos e costumes da "geração Woodstock".

A geração *millennial* quer aumentar a juventude e entrar na vida adulta mais tarde, desta maneira é comum se apegarem por muito mais tempo a moda, aos costumes e a tecnologia jovem. As empresas que produzem para essa geração devem explorar o máximo de produtos e serviços para que eles possam usufruir por mais tempo. Segundo pesquisas americanas, 61% dos jovens não querem ser adultos, querem permanecer jovens por mais tempo.

Como eles querem ser jovens por mais tempo, moram mais tempo na casa dos pais, adiam casamento, focam mais em suas carreiras e alguns chamados **DINKs** (*Double Income No Kids* – "dobro da receita sem filhos", em português) optam em não ter filhos. Casam-se e, como os dois trabalham, melhoram com isso sua qualidade de vida. Vão à academia, viajam, gastam mais com roupa de moda, sapatos e estética.

Como os dois trabalham, têm menos tempo e buscam mais praticidade, que pode vir de uma pluralidade de coisas: facilidade nas compras, produtos multiuso etc.

Todos podem realizar seus sonhos, ter seu minuto de fama, produzir seus próprios mercados, elaborar suas fantasias pela Internet. A produção de vídeo pessoal estabelece todos os meses recordes de inclusões no YouTube. Buscar um lugar ao sol através de suas próprias influências é a prerrogativa dessa geração. Estabelecer suas fronteiras, escolher seus grupos, atuar em bandos. Buscar a colaboração e a cooperação como modo de se superarem, conhecerem e se informarem. Estão mais comprometidos com a participação e realização do que propriamente com o sucesso visto de maneira convencional.

Embora a maioria almeje bons empregos, estão mais preocupados em "realizar" (no sentido de realizar algo importante) do que "produzir" (no sentido de entregar um trabalho que não gera mudança, que não tem importância, que é apenas operacional).

Buscam organizações que lhes deem flexibilidade de horários, liberdade para exprimir suas ideias, comportamentos, vestuários. Trabalham por metas, objetivos, responsabilidades e não por cumprir o horário do ponto. Grande parte assume que querem trabalhar mais do que oito horas por dia, mas do jeito deles, na sua velocidade, com suas tecnologias de comunicação e informação e seus resultados.

A geração *millennials,* geralmente, não busca os estudos porque os pais assim o querem, mas porque compreendem que o "mundo mágico da informação" e da compreensão começa ali. Muitos deles trocam de faculdade até encontrar uma que lhes faça sentido, mesmo que os ganhos monetários não lhe sejam tão aparentes. Estão preocupados em *ser,* embora o dinheiro nem sempre lhes permita isso. São menos inseguros quanto a escolher uma profissão porque sabem que podem mudar. São mais empreendedores, se "atiram" em seus ideais e apostam num futuro promissor, por confiar em seus instintos. Não é só o sucesso final que os motiva, mas o caminho que os levam para o sucesso. Por isso, as escolhas são sempre acompanhadas de muita intensidade, flexibilidade e autenticidade.

O que você está fazendo agora neste momento? Será que você está feliz com o que faz e no que se transformou? Você se preocupa em ter espaços compartilhados, estilos de vida, flexibilidades em horários? O que você fez hoje que possa alterar seus projetos, melhorá-los, potencializá-los? Você está se permitindo colaborar com os outros, aprender, em vez de achar que já sabe tudo?

Você está fazendo o que ama? Está vivendo plenamente o que desejou em algum momento na sua estrada? Você imagina que pode mudar tudo isso e buscar outro caminho, ainda possível para ser feliz consigo mesmo?

Essa geração está nos ensinando que podemos mudar. Que temos a tecnologia, as condições ideais, a informação. Só falta um empurrão no abismo das oportunidades. "Se jogue"! Seja feliz! Depois, procure um trabalho onde esta felicidade possa existir, encontre seu espaço!

Mas se engana quem pensa que na Geração Y tudo são flores. Nascidos em uma época de pós-utopias e modificação de visões políticas e existenciais, essa geração cresceu em meio a um crescente individualismo e extremada competição. Não são jovens que, em geral, têm a mesma "consciência política" das gerações da época da contracultura. E também, como as informações

38 Guia de Gerenciamento por Categorias

aparecem numa progressão geométrica e circulam a uma velocidade e tempo jamais vistos antes, o conhecimento tende a ficar cada vez mais superficial.

Eles são multicanal, querem comprar quando querem, onde querem e ao melhor preço. Daí o termo *omnichannel*, que é a evolução do multicanal. Há alguns anos o varejo se deu conta de que precisava ser multiformato. Na década de 1970, o Carrefour tinha o canal "hipermercado" como sua estratégia de entrada no Brasil. O conceito foi inovador e a ideia era ter tudo no mesmo lugar, ao mesmo tempo. O Grupo Pão de Açúcar se concentrava em "supermercados". Hoje, essas mesmas redes têm hipermercado, supermercado, lojas de conveniência, de vizinhança etc. Depois passaram para *e-commerce*. O mundo não para de evoluir, as mudanças são constantes. E hoje, precisam ser *omnichannel*.

O consumidor *omnichannel* quer simultaneamente ter acesso aos dados de produtos (QR Code[1]) e ao carrinho de compras por meio de todos os canais. E atualmente os varejistas que utilizam este tipo de abordagem, acompanham seus clientes em todos os lugares possíveis. Usando a estratégia *omnichannel* de varejo estamos trabalhando com os consumidores conectados. Eles não têm apenas a experiência de um produto, mas sim da *marca* em si. O marketing torna-se mais eficiente e conta com estratégias de alcance a um consumidor específico, com determinados padrões de compra, que acessa determinadas redes sociais e se comportam de formas diferentes nas visitas aos sites, além de poder oferecer programas de fidelidade e se obter mais técnicas de análises a outros dados.

Porém, com toda esta conectividade se desenvolve outro tipo de comportamento, o *showrooming*. Pesquisam na internet e utilizam as lojas físicas como showroom de produtos. Vão lá para esclarecer dúvidas com os experts da área e voltam para comprar on-line. Porém, é importante ressaltar que os consumidores ainda gastam mais tempo e dinheiro em lojas físicas que on-line.

Com isso, os grandes desafios do varejo são: "O que fazer para que meu *shopper* compre em minha loja?" ou "Se o *shopper* for comprar on-line o que fazer para comprar da minha marca?".

As lojas físicas entram na chamada "era da hospitalidade", mais do que nunca o atendimento é crucial para o negócio, é importante ter especialistas que possam esclarecer dúvidas, wi-fi grátis para que tenham a oportunidade

---

[1] QR Code é o código de barras em 2D que pode ser escaneado pela maioria dos aparelhos celulares que têm câmera fotográfica. Esse código, após decodificação, passa a ser um trecho de texto e/ou um link que redirecionará o acesso ao conteúdo publicado em algum site.

de comparar os preços na hora e "quem sabe" conseguir que comprem em sua loja.

Mundialmente, nos últimos cinco anos a taxa de crescimento anual (CAGR – *Compound Annual Growth Rate*) do varejo on-line é de 17%, sendo que na América Latina e na Ásia-Pacífico ela ainda é maior: 27% e 25%, respectivamente. No Brasil, ano passado, este crescimento foi de 35%, e isso se deu, principalmente, em função da ascensão da classe C, que colocou mais computadores dentro das casas dos brasileiros. O e-commerce é visto cada vez mais pelos varejistas como um veículo de expansão global eficiente e eficaz.

E, neste sentido, vemos várias formas de seu desenvolvimento, da tradicional compra pelo computador para soluções que vão onde o *shopper* está, como por exemplo, o famoso caso da Tesco na Coréia do Sul: em que instalou-se uma loja virtual nas estações de metrô. As pessoas compram enquanto esperam e recebem a compra, assim que chegam em casa. Os coreanos são o segundo povo que mais trabalham no mundo, eles não têm tempo. A Tesco ofereceu uma oportunidade para essas pessoas ganharem tempo, não tendo que gastar uma hora de suas vidas para ir à uma loja física fazer as suas compras do dia a dia. Para mais informações recomendo acessar: www.youtube.com/watch?v=SPR4WUqvaTE.

Na França a solução encontrada foram os drives. Como funciona? As pessoas fazem suas compras on-line e retiram nos drives. São minidepósitos instalados em lugares estratégicos, que visam a facilitar a vida do *shopper*. Ele tem até 24 horas, do momento em que comprou para retirar. Alguns varejistas estão fazendo este ponto de retirada em suas próprias lojas. E a entrega dos produtos pode ser efetuada em até cinco minutos.

As vantagens deste método é que não se paga frete, o grande vilão do *e-commerce*, e não tem que ter alguém à disposição na residência para receber as compras, como no delivery.

Todos esses "novos" canais visam a atender a falta de tempo e a praticidade, pontos cruciais a serem observados como vetores de crescimento.

E como tudo muda rapidamente, hoje 50% das compras já são feitas pelo m--commerce.

No Brasil, 93% dos proprietários de telefones celulares e no Reino Unido 51% dos usuários utilizam seus dispositivos para tomar ciência das ofertas de varejo. E já existem aplicativos que, de acordo com o que se quer comprar, indicam quais lojas têm o melhor preço próximo de onde o consumidor está. Como é o caso do aplicativo AondeConvem, que também disponibiliza encartes com as principais promoções. O celular será a carteira de amanhã. O intervalo de tempo entre o interesse

40 Guia de Gerenciamento por Categorias

em um produto e a decisão de comprá-lo deve diminuir ainda mais, impulsionado por opções de pagamento mais simples e rápidas.

A tendência é que cada vez mais os usuários acessem mais a internet por dispositivos móveis – *tablets* e *smartphones* – do que por computadores, segundo o International Data Corporation (IDC), isso porque quase um terço dos consumidores globais on-line têm acesso à web em seus celulares, segundo o Euromonitor.

O *m-commerce* oferece ainda possibilidades únicas em relação às demais formas de comércio eletrônico. Considerando que seus principais veículos são *smartphones* e *tablets* o comércio eletrônico pode ser feito de duas formas: sites digitados ou aplicativos. Segundo o diretor sênior de Merchant Services no Paypal, Bill Zielke: "Desenvolver uma experiência de compra pelo celular é mais arte do que ciência, layouts com botões grandes, o mínimo de texto, rolagem e um *check-out* rápido são fundamentais para a conversão".

Para empresas que desejam uma interface mais elaborada a melhor opção são os aplicativos, que trazem ainda a vantagem de serem elaborados para um hardware e um sistema operacional específico. Já a web móvel traz a vantagem de não ser tão específica e fragmentada, oferecendo uma variedade imensa de opções de tudo que se procura e conta ainda com uma maior flexibilidade e alcance de público.

Fato é que ambas as opções surgem como ótimas alternativas para uma nova realidade de mercado que certamente acompanhará a tendência geral do *e-commerce* e das redes sociais que chegaram para ficar. E as empresas que souberem aproveitar essas tendências e integrarem suas lojas e ações de mercado, certamente sairão na frente.

Com tudo o que vimos, podemos concluir que a compra será mais racional. Os consumidores querem benefício sim, mas não a qualquer preço. O benefício tem de fazer sentido para ele e o preço deve ser o melhor. Como colocar novamente "emoção" no processo de compra? A solução encontrada por algumas empresas foi a customização ou personalização: o consumidor ajuda a "fazer" o produto. Neste caso ele não está apenas adquirindo algo, ele está "fazendo" o que está comprando. Podemos citar como exemplo o site Indochino, desenvolvido por dois jovens, Heikal Gani e Kyle Vucko, que relataram na última convenção anual da National Retail Federation (NRF – 2014), em Nova York, que quando eram estudantes e queriam comprar um terno, o que eles mais gostavam não podiam pagar e o que podiam pagar, não gostavam. Daí surgiu a ideia de se criar na internet, um site em que ensina a pessoa a tirar todas as suas próprias medidas em dez minutos, escolher o corte ideal, o tecido e, pronto, ter o terno em alguns dias em sua casa totalmente customizado.

Hoje, essa tendência virou fato. A maioria das lojas e dos segmentos nos Estados Unidos já está customizando seus produtos e existem empresas especializadas para ajudar na execução dessa estratégia, desde como customizar até o que.

Foi a solução encontrada também por outro jovem alemão com a empresa My Muesli. Ele e dois amigos sempre gostaram de *müsli* (cereal matinal muito popular na Alemanha), além de considerar um hábito saudável para o café da manhã; no entanto, as opções encontradas nos supermercado eram ínfimas. Resolveram então criar a My Muesli, onde o consumidor precisa seguir apenas três passos para ter seu próprio *müsli:* escolher o *müsli,* as frutas e, por último, dar um nome ao produto que criou. Em alguns dias recebe "seu" produto. Em 2012, esta empresa abriu sua primeira loja física.

Iniciativas como essa podemos citar muitas. A *personalização* é uma grande tendência que veio para ficar!

E para finalizar, falaremos um pouco da "saudabilidade". Saúde é a segunda maior preocupação do brasileiro. A população este envelhecendo, as mulheres têm cada vez menos filhos e a longevidade está aumentando. As pessoas querem envelhecer bem e, para isso, estão desenvolvendo hábitos mais saudáveis, como: fazer exercícios, consumir produtos que proporcionam mais bem-estar para a saúde. A categoria de produtos naturais, por exemplo, tem crescido 35% ao ano, enquanto o varejo, como um todo cresce 4%. Produtos funcionais e orgânicos, também são vetores de crescimento.

Quem é e como se comporta essa população que envelhece?

Amparado pela maior expectativa de vida, o número de brasileiros acima de 65 anos deve praticamente quadruplicar até 2060, confirmando a tendência de envelhecimento acelerado da população já apontada por demógrafos.

No período, a expectativa média de vida do brasileiro deve aumentar dos atuais 75 para 81 anos.

De acordo com o IBGE, as mulheres continuarão vivendo mais do que os homens. Em 2060, a expectativa de vida delas será de 84,4 anos, contra 78,03 dos homens. Hoje, elas vivem, em média, até os 78,5 anos, enquanto eles, até os 71,5 anos.

Bônus demográfico

Com a mudança da estrutura etária brasileira, resultado da redução do número de jovens e do aumento da população idosa, o Brasil deve passar por profundas transformações socioeconômicas. A principal delas diz respeito ao que os especialistas chamam de "bônus demográfico" ou "janela de oportunidades". O conceito engloba as oportunidades que surgem para o País quando o número de pessoas consideradas economicamente produtivas (as que o IBGE considera em idade de trabalhar, entre 15 a 64 anos) é maior do que a parcela da população dependente (ou seja, menores e idosos que não trabalham).

Segundo as estimativas do IBGE, até 2022 esse número cairá – representando mais pessoas economicamente ativas. Já em 2060, cada grupo de cem indivíduos em idade ativa sustentará 65,9 indivíduos.

Ainda insuficientemente levado em conta pela indústria e pelo varejo, as pessoas com mais de 65 anos serão cada vez mais importantes, e é então necessário, acentuar o sortimento para esta segmentação, de forma que, seja mais coerente com suas necessidades e expectativas.

Um novo estudo sobre *internet life* do Pew Research Center mostra que 43% da população de adultos com 65 anos ou mais usam intensivamente redes sociais como Facebook, Twitter e Google+. O estudo mostra que desde 2009 as taxas de adesão às redes sociais pelos adultos acima de 65 anos têm triplicado.

O que é um "sênior"? A qualificação de "sênior" depende muito da pessoa que emite o julgamento. Para os médicos, o senil tem 70 anos quando as patologias atingem seus pacientes. Para o Estado, a barreira está entre os 60 e os 65 anos, no momento da aposentadoria e do início de políticas públicas específicas para esta faixa etária. Mas, para os profissionais do marketing, nós somos seniores aos 50 anos.

O fator mais importante é a idade percebida e não a idade real. Essa diferença de percepção não é exclusiva aos seniores. De acordo com um estudo realizado pela Lagardère Active Publicité, somente as pessoas entre 20 e 34 anos se vêem com um pouco mais de idade do que realmente o são (veja o gráfico). A partir de 35 anos, nos sentimos mais jovens, e a diferença entre idade real e percebida aumenta quanto mais velhos ficamos. Somente aos 80 anos, as pessoas se encontram de acordo com sua idade real.

De acordo com um artigo publicado na Internet pelo Groupe Bayard, os seniores não constituem um grupo homogêneo. Hervé Sauzay distingue três gerações, que tem cada uma seus próprios valores, como também preocupações específicas que ditam sua forma de consumir.

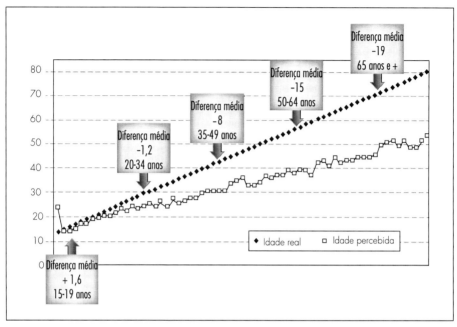

Fonte : SIMM.

Idade percebida vs idade real

Os seniores por faixa de idade

Menos de 65 anos

São os *baby-boomers*, a geração da contracepção, da esquerda, do divórcio, de amadurecimento pessoal... Os mais jovens desta geração estão ainda dentro de um consumo de prazer e consomem como os de 40 a 50 anos. A família está em todo lugar, o casal se transforma, se recompõe. Hoje, perto de 20% dos 50 a 64 anos se divorciam isto que explica, por exemplo, uma maior solidão dos seniores. Um número é particularmente impactante: em 2007, uma francesa de 60 anos sobre duas, vive sozinha. Este fenômeno tem um impacto sobre a forma de consumo: os seniores procuram produtos e serviços individuais.

65 a 75 anos

Essa geração conheceu a guerra e suas restrições. Jovens, eles não viveram a liberação dos costumes, mas o respeito à autoridade e às instituições. A grande diferença no grupo dos que têm menos de 65 anos reside no fato de eles terem deixado o mundo do trabalho no auge de sua vida profissional. Eles estão, a partir de agora, em uma idade em que seus netos são o centro de sua vida. Seis seniores sobre dez são avós, com quatro netos em média. Podemos também notar que no grupo dos menos de 75 anos existe uma grande preocupação em ficar em forma. Eles se preocupam mais, por exemplo, com sua alimentação do que os de 45 a 60 anos e se mostram sensíveis aos "alicamentos" (alimento + medicamento).

Acima de 75 anos

Sua referência: a mulher dentro de casa, a igreja, o partido político, a pátria, a frugalidade... A identificação ao antigo trabalho desapareceu: eles se tornaram os "aposentados", e não mais os antigos banqueiros ou carteiros. Mas a partir de agora, sua saúde estrutura sua vida e alguns apresentam patologias graves. Nós temos hoje 750 mil pessoas portadoras de Alzheimer, elas serão 1,2 milhões em 2020. Por esta razão, o mercado de seguros e de serviços direcionado a este público, continuará se desenvolvendo.

Um mercado com poder de compra

Mesmo alguns seniores conhecendo as dificuldades do fim da carreira profissional, esse fenômeno não deve deixar esquecer que o poder de compra das pessoas com mais de 50 anos foi globalmente multiplicado por sete, em vinte anos. Hoje, os com mais de 50 dispõem de 50% da receita líquida dos domicílios e detêm 60% do patrimônio. Ao final, eles têm a receita anual superior em um terço às pessoas com menos de 50 anos (€ 33 mil a € 26 mil).

As principais despesas

O peso do consumo dos seniores se encontra em inúmeros setores. Representam 50% do mercado de produtos de beleza. Compram a metade dos carros 0 km e até 80% dos carros de luxo. Estão igualmente presentes em setores que poderíamos pensar estar reservado aos mais jovens.

Duas categorias de internautas dentro dos seniores

De acordo com o estudo Ipsos Profiling, 45% dos internautas com mais de 50 anos (2,7 milhões de pessoas) são os "expectadores", quer dizer procuram informações gerais e práticas. São internautas fiéis: visitam, geralmente, uma dezena dos mesmos sites. Dentre esses estão: um site de informação geral, um motor de busca e o site provedor do FAI (Fornecedor de Acesso à Internet).

Outra grande categoria dos seniores internautas é constituída pelos *traders* (20% dos internautas com mais de 50 anos, ou seja, 1,2 milhões de pessoas). Eles procuram um benefício imediato para seus investimentos financeiros; fazem compras de viagem, de produtos culturais, de equipamentos para a casa; são muito interessados por informações fiscais, herança etc.; e são utilizadores assíduos do e-mail: 80% os utilizam cotidianamente.

Para responder a essa tendência, é necessário fazer as perguntas corretamente, em particular sobre a noção de serviço ao cliente. Por exemplo: a altura da esteira dos *check-outs,* a formação das pessoas do SAC, o tamanho do preço dentro da loja, piso antiderrapante, carrinho de compras motorizado etc.

■ ADAPTAR OS PRODUTOS AOS *SHOPPERS*

As pessoas vivem mais tempo e melhor. Elas querem envelhecer com boa saúde. Os produtos biológicos assim como os produtos funcionais vão permitir responder a essa necessidade de saúde.

O que é um produto funcional?

Eles são também conhecidos com o nome "alicamento" (alimento + medicamento): são alimentos que, graças à ciência e a alta tecnologia, oferecem mais benefícios para a saúde.

O conceito de alimento funcional apóia-se sobre a capacidade de desenvolver produtos que têm efeitos fisiológicos desejáveis superiores àqueles que são habitualmente associados à nutrição de base. Como definição geral, um alimento é funcional se ele contém um componente alimentar que melhora uma ou mais funções. Esse efeito pode ser útil ao bem-estar e à saúde ou reduzir o risco a doenças.

A Unilever afirma, por exemplo, que a Becel Pro-Activ é "a primeira margarina que pode reduzir o colesterol em até 15%".

E os produtos orgânicos?

Como se comportam os produtos orgânicos no Brasil?

O Sebrae divulgou que, segundo os últimos dados divulgados pelo Ministério do Desenvolvimento Agrário (MDA), a produção orgânica nacional vem crescendo mais de 20% ao ano. No entanto, esse crescimento é inferior à demanda pelos produtos. O quadro se agrava pelo fato de que 70% da produção são exportadas para a Europa.

O desequilíbrio entre capacidade de produção e procura pelo produto nas prateleiras tem dado dor de cabeça para varejistas de todo o Brasil. Cidades tão distintas entre si, como Quixadá, no interior do Ceará, e Chapecó, em Santa Catarina, têm em comum a dificuldade de encontrar fornecedores de produtos orgânicos para atender ao interesse crescente de seus consumidores por tais produtos.

Se considerarmos o cenário mundial, principalmente em países industrializados, de aumento da demanda de alimentos, proteínas animais e insumos para a sua produção, as perspectivas serão altamente favoráveis para o aumento da participação brasileira, sobretudo nos mercados de frutas tropicais, carnes e outros produtos básicos.

Entre os atributos de qualidade, cada vez mais os produtos relacionados à preservação da saúde ganham força. Emergem também atributos de qualidade ambiental dos processos produtivos, em especial os relacionados à proteção dos mananciais e da biodiversidade. Como consequência, crescem as demandas por processos de certificação de qualidade e sócio-ambiental para atender à rastreabilidade do produto e dos respectivos sistemas produtivos a partir de movimentos induzidos pelos consumidores.

As academias, supermercados e empresas dedicadas à venda de produtos naturais constituem um excelente canal de distribuição varejista. No atacado, os produtores podem se reunir em cooperativas e associações para entregar os produtos a atacadistas e/ou indústrias alimentícias.

O comprador típico de orgânicos é:

- mulher, acima de 30 anos;
- possui alta escolaridade; e
- busca neles, antes de tudo, melhorias à saúde.

Suas principais queixas são: o preço, a dificuldade em encontrá-los e a falta de variedade nas opções.

Quais são os lugares para comprar orgânicos no Brasil?

Outra avaliação de uma pesquisa Associação Brasileira de Supermercados (Abras) reflete que a adaptação do varejo às demandas desse consumidor típico trazem resultados: quase 90% das vendas de orgânicos são feitos por empresas de grande porte, com faturamento maior que R$ 100 milhões – 60% pelas de faturamento maior que R$ 1 bilhão. É possível inferir que tais redes ofereçam maior variedade de produtos e constituam uma fonte perene de orgânicos, em contraposição ao varejo itinerante.

E entre os grandes *players*, é raro encontrar alguma loja que não tenha já uma seção específica para orgânicos. Somando as ações promocionais, festivais ou até criação de marcas próprias para explorar esse segmento, os supermercados reúnem elementos essenciais para alimentar essa demanda crescente do consumidor brasileiro, e assim o têm feito.

O Comportamento do *Shopper* **47**

Os pontos importantes deste capítulo

As tendências de consumo

Os *millennials* correspondem hoje a 1/3 da população mundial e trouxeram mudanças de comportamento. São mais pragmáticos, conectados, querem comprar em qualquer lugar e a qualquer hora, querem praticidade, personalização e serão os grandes impulsionadores da chamada "Revolução do *M-commerce*".

Com a diminuição da natalidade e o aumento da expectativa de vida, nasce um novo mercado promissor: os seniores. Eles estão à procura de:

- produtos e serviços individuais;
- turismo e veículos familiares;
- seguros e serviços pessoal;
- informações gerais (cf. "internautas expectadores" ou "expectadores");
- benefícios imediatos em investimentos financeiros e, então, suas economias.
- compras de viagens, produtos culturais, produtos para equipar a casa na internet (cf. "internautas *traders*");
- boa alimentação, pois estão preocupados com sua saúde e são sensíveis aos "alicamentos".

Opinião Profissional: como reagir às mudanças de comportamento do *shopper*?

Com o aumento da classe média no Brasil, a classe C se viu diante a um mar de oportunidades que não havia tido acesso anteriormente, como viagens nacionais e internacionais, compra do primeiro carro zero, acesso à restaurantes, entre outros.

Contudo, com o aumento desenfreado na taxa de desemprego em 2016, todos se viram obrigados a refazer as contas e a adiar sonhos. Quem é o maior impactado com tudo isso? O consumo, claro!

Os consumidores não querem abrir mão do que conquistaram, e então tentam adaptar o seu carrinho de compras buscando o custo-benefício.

Surge aí uma maior necessidade de entender mais profundamente o comportamento dos shoppers, visto que cada dia são mais informados e se mostram mais conscientes.

Hoje não é apenas necessário, mas fundamental conhecer o shopper. Quem é, o que compra, onde compra, porque compra e como compra, entre outras, são perguntas cruciais para entender o comportamento dele em determinada categoria. Só assim será posível se comunicar adequadamente, oferecer o sortimento e serviço adequados, revertendo este conhecimento em vendas.

Com pesquisas voltadas para o shopper é possível mensurar as mudanças em suas compras e entender os fatores que influenciam as decisões no ponto de venda, direcionando o caminho a ser percorrido. Colocando estas recomendações em prática, o cliente consegue se beneficiar disso potencializando suas vendas.

Patrícia Lopes
Responsável pela Área de Pesquisa da Evolution Consulting

Capítulo 3 ◼

O estudo do *shopper*

◼ A DIFÍCIL LÓGICA DE COMPRA DO *SHOPPER*

O *shopper* tem comportamentos diferentes ao efetuar uma compra. Ele também vai investir um tempo maior para comprar uma televisão ou um carro devido ao processo de análise e comparação despendido do que para comprar um creme dental ou xampu.

Existem diversos fatores que interferem no processo de compra do *shopper*, como, por exemplo, o meio em que ele vive ou o lugar onde ele trabalha.

O meio cultural, familiar e social constituem fontes de influência que agem profundamente sobre o comportamento do *shopper*. O sucesso profissional pode interferir sobre o comportamento de compra de uma pessoa, em função da pressão social em volta dele, como por exemplo, a moda, as marcas, o esporte, o dinheiro, etc.

Mas ele pode também melhorar significativamente sua situação econômica e não mudar o seu comportamento de compra.

É a razão pelo qual os especialistas levam em conta o *estilo de vida* e não o *nível socioeconômico,* que hoje em dia não quer dizer muita coisa quando observamos a evolução do comportamento de compra.

◼ A IMPORTÂNCIA DO ESTUDO DO *SHOPPER*

O objetivo de uma pesquisa com o *shopper* consiste em entender de maneira clara e simples a lógica de compra dos *shoppers.* Compreender também como todos esses indicadores influenciam as suas decisões, para conhecer melhor o seu estilo de vida. O estilo de vida tornou-se a base de construção de todos os dados *shopper* utilizados por empresas especializadas em *CMR* (*Customer Management Relationship*) e utilizadas pelo varejo.

A pesquisa com o *shopper* vai também colocar em perspectiva as respostas de todos os *shoppers* entrevistados, o que nos permite:

- Entender o sistema de decisão que leva ao ato de compra;
- Entender melhor como um *shopper* "entra" em uma categoria (árvore de decisão, também conhecida como chave de entrada ou critério de compra);
- Entender como ele deseja que a loja esteja organizada (isso vai permitir compreender os primeiros elementos da segmentação do planograma).

Como nós já vimos no capítulo 1, "Os principais conceitos antes de começar", a pessoa pode ser o consumidor do produto sem ter participação no processo decisório de compra.

Levar em consideração o processo de decisão de compra indubitavelmente leva a uma melhoria da qualidade da comunicação do varejo com o seu cliente. Isso concerne também outras coisas, como as ações promocionais, o merchandising, a comunicação visual de uma categoria, etc.

Enfim, a compreensão do processo de compra permite uma segmentação mais coerente e, por consequência, uma gestão mais afinada do sortimento em loja.

■ APLICAÇÃO DO ESTUDO DO *SHOPPER*

A pesquisa com o *shopper* é dividida em dois momentos distintos:

– O estudo qualitativo, conhecido também como mesa redonda, onde os *shoppers* da categoria são convidados a participar (normalmente entre 08 e 12 pessoas) para exprimir o seu ponto de vista, suas opiniões e debatê-las com os outros participantes.

– O estudo quantitativo, que tem como objetivo quantificar e validar os dados da primeira parte.

Quais são os "benefícios" de um estudo do *shopper* qualitativo?

BENEFÍCIOS	AÇÃO E/OU RESULTADO
Abrangência da categoria em função das necessidades do *shopper*	Definição da Categoria (Etapa 1 da metodologia) Estudar a oportunidade de desenvolver uma solução coerente
Imagem da rede e de seus concorrentes	Tomar conhecimento dos pontos fortes e fracos
Compreensão da lógica interna do *shopper*	Conhecimento da categoria na visão do *shopper*
Avaliação da importância da categoria no processo de compra	
Principais critérios de compra	Revisão da estrutura de mercadoria e atualização no sistema
Segmentação da Categoria	Revisão do layout e do planograma
Tipo de compra	Definição do Papel Estratégico da Categoria (Etapa 2 da metodologia)
Organização e localização na loja	Identificar as necessidades de melhoria da categoria
Percepção do sortimento	Revisão do sortimento
Interação X conversão	Identificação da perda de venda de uma categoria

Quais são os "benefícios" de um estudo do *shopper* quantitativo?

É precisamente a validação daquilo que foi dito na pesquisa qualitativa, e que foi confirmado através de indicadores precisos e quantificáveis na pesquisa quantitativa, que vai permitir levar em conta ou não as opiniões do *shopper*.

É de extrema importância que o *briefing* de uma pesquisa *shopper* seja feita corretamente para o Instituto de Pesquisa, para que assim as análises possam responder perfeitamente aos objetivos que foram fixados para o estudo.

A amostra da pesquisa deve ser respeitada de acordo com os índices de segurança e confiabilidade. Normalmente uma amostra conta com aproximadamente entre 120-150 pessoas entrevistadas por loja e por categoria estudada. Isso para um hipermercado, mas o Instituto poderá fazer os cálculos para garantir uma amostra estatisticamente válida para o seu formato. O questionário não deve ter duração superior a 15 minutos.

Existe também uma parte da Pesquisa Quantitativa que é de extrema importância: a observação do shopper no ponto de venda interagindo com a categoria e, consequentemente, com os produtos em frente à gôndola. O objetivo dessa observação é comparar aquilo que foi declarado em entrevista versus o seu comportamento em frente à categoria. Se ele toca, se ele cheira, enfim, tudo o que ele faz em loja.

Nós podemos descobrir que, por exemplo, o planograma não é claro, que ele não respeita sua árvore de decisão, e então precisamos testar um novo planograma na loja, que responda melhor às suas expectativas e necessidades. Existem institutos que vão além de entrevistar e observar, mas que também filmam o *shopper* para validar as observações feitas pelos pesquisadores. Se você quer saber mais sobre o assunto, há uma bibliografia complementar interessante: o livro do Paco Underhill, *Why We Buy: The Science of Shopping*.

Sem uma pesquisa com o *shopper,* não é possível acompanhar corretamente a metodologia do Gerenciamento por Categorias, uma vez que são necessárias informações concretas e precisas para a sua aplicação, e das quais tomaremos conhecimento somente através dos resultados da pesquisa com o *shopper*. É importante lembrar permanentemente que o *shopper* está no centro da metodologia.

■ OS OUTROS INTERESSES DE ESTUDO DO *SHOPPER*

A pesquisa *shopper* pode também:

- Ajudar a testar novos conceitos;
- Validar a introdução de uma nova categoria;
- Avaliar uma coleção de produtos específicos;
- Uma nova organização de loja;
- Testar novas tendências;
- Descobrir o que ele procura, o que ele gosta e o que ele rejeita.

Um olhar em direção ao futuro

O estudo *shopper* abaixo teve como finalidade observar, descobrir e entender as expectativas dos *shoppers* em relação a novos serviços ligados a evoluções tecnológicas.

De acordo com um estudo realizado pela TNS SOFRES, que entrevistou 600 pessoas em oito países (Estados Unidos, Canadá, Reino Unido, França, Espanha, Alemanha, China, Japão), esse estudo *online* teve como finalidade observar e entender as expectativas e necessidades dos *shoppers*. Doze conceitos foram propostos para as pessoas pesquisadas e avaliadas em termos de atratividade, novidade, intenção de uso e probabilidade de se colocar em prática até 2015. São novas tecnologias que abrem novas vias de comunicação com os clientes no ponto de venda, e pelas quais foram feitas questões precisas: São novos brinquedos ou verdadeiros serviços? Quais são as motivações éticas que os conduzem?

As inovações que facilitam a vida

Cinco conceitos foram particularmente requisitados pelos *shoppers*:

- **O pagamento biométrico por registro digital.** O cliente paga as suas compras ao colocar seu dedo sobre um leitor digital. O processo elimina totalmente a necessidade de ter dinheiro com a pessoa, cheque ou cartão de crédito. Um total de 55% dos participantes desse estudo tinha a intenção de utilizar, sendo que 62% pensam que esse serviço é atraente e inovador, e será colocado em prática até 2015. O interesse é de 45% (para uma média de 33% de atratividade sobre todos os conceitos testados). A França, por último a China e a Espanha, foram os países mais entusiastas deste conceito. No momento, essa tecnologia já é utilizada por uma loja Grupe Metro (Alemanha), conhecida por Loja do Futuro.
- **O provador virtual.** Por meio de uma tela tátil, pode-se comunicar com vendedores através do provador. Ele pode também pedir cores e tamanhos diferentes, acessórios, sem ter a necessidade de retornar à loja para procurar ajuda. Um total de 50% dos *shoppers* tem a intenção de utilizar e 70% pensam que essa cabine vai existir até 2015.
- **O carrinho inteligente.** Dispõe de uma tela com câmera e de um controle de navegação tátil. Graças a esse sistema, os clientes podem localizar os produtos dentro da loja, ter acesso à lista de compras, baixar receitas, verificar preços, receber promoções, cupons de desconto e até mesmo escanear as compras para maximizar seu tempo no caixa. O conceito gera uma real satisfação, uma parte por sua novidade (65%), mas somente 35% das pessoas pesquisadas ficaram atraídas pelo conceito.
- **O espelho interativo da cabine.** Ele parece outro espelho, mas na realidade é uma tela digital de alta definição com uma câmera integrada. Ele retransmite as imagens das roupas de forma holográfica na tela. O cliente pode, desta forma, ver como ficariam as roupas nele, uma vez que as imagens são transmitidas online. Isto permite, inclusive, pedir a opinião dos amigos. Esse conceito futurista não teve, apesar de tudo, unanimidade: a atração global atende apenas 32% e a intenção de uso 39%. Somen-

te 49% das pessoas entrevistadas, em sua maioria chineses e espanhóis, pensam que essa tecnologia estará disponível até 2015.

- **Receber informações de produtos e promoções pelo seu celular localizado geograficamente.** O cliente se inscreve em uma rede, de acordo com sua localização, e assim receberá SMSs sobre produtos e ofertas que possam lhe interessar situadas em lojas próximas de sua localização atual. Esse serviço pareceu pouco atrativo por ser pouco inovador (35%), e então a intenção de uso é particularmente fraca (19% para uma média de todos os conceitos de 40%). De qualquer forma, esse conceito parece inevitável. Na realidade, 72% das pessoas entrevistadas (na média 65%) veem esse serviço à disposição nos próximos anos.

Os pontos importantes deste capítulo

- A importância de uma Pesquisa *Shopper*.
- Quais são os "benefícios" que precisamos para colocar em prática o Gerenciamento por Categorias.
- Que existem duas fases da Pesquisa *Shopper*: qualitativa e quantitativa.
- Que uma Pesquisa *Shopper* também permite avaliar critérios conexos ao momento de compra.

Opinião Profissional: como escolher um Instituto *Shopper*?

"Antes de tudo, gostaria de reforçar que a procura da satisfação do **shopper** é o coração do Gerenciamento por Categorias."

Como os *shoppers* definem as lojas estudadas, como eles a estruturam, quais são seus critérios de decisão de compra, como eles hierarquizam a categoria?

Entender suas atitudes, percepções e motivações fora das lojas é muito importante. Identificar os *shoppers*, seus critérios de compra **"colocar a loja em questão"** em frente à categoria, obter a sua opinião instantaneamente dentro da loja.

A Pesquisa *Shopper* deve permitir responder a estas questões-chave, isto é, toda a importância que ela deve ter na escolha de um Instituto de Pesquisa.

Realizamos a nossa escolha com base em alguns critérios e objetivos:

– O Instituto já trabalhou com as categorias do segmento em estudo? Se sim, quais?

– O Instituto entende a importância do projeto para a nossa rede, o contexto, os desafios?

– As questões elaboradas pelo Instituto ou a qualidade das respostas a essas perguntas, antes de colocá-las em prática, são pertinentes e coerentes? Elas são de natureza assertiva ou semeiam a dúvida? O Instituto precisou os seguintes pontos:

  - Abrangência precisa dos produtos das categorias estudadas;
  - Cidades escolhidas;
  - Número e representatividade das lojas escolhidas;
  - Número e perfil dos participantes no *focus grupo* para a fase qualitativa;
  - Número de *shoppers* a entrevistar para a fase qualitativa;
  - Duração necessária da presença dos pesquisadores em loja para obter o número desejável de entrevistados;
  - Participação da empresa na elaboração das questões que serão aplicadas nos *focus* grupos;
  - Participação da empresa no questionário *shopper* quantitativo;
  - Pertinência do calendário das ações em loja em relação à sazonalidade das categorias estudadas;

– A metodologia proposta garante a qualidade dos dados? A parte qualitativa precede a parte quantitativa?

– Como são previstas as apresentações dos resultados das diferentes fases do estudo?

56 Guia de Gerenciamento por Categorias

– Sobre a base de dados estudada, o Instituto estaria disposto a colocar questões adicionais sem afetar o orçamento inicial?

– O Instituto é orientado para a ação? Faz recomendações concretas?

– Os números do estudo são sólidos? Os fatores modificação são claros e precisos?

– A equipe do Instituto é disponível?

– Existe verdadeiramente um clima de trabalho e de confiança entre as duas equipes?

François-Henri d'Hotelans
Diretor de Projetos e Processos EMCD
Grupo Casino

Capítulo 4 ■

Desafio: repensar as soluções *shoppers* derrubando os pré-julgamentos do Gerenciamento por Categorias

■ ADAPTAR-SE AOS HÁBITOS DO *SHOPPER*

Há mais ou menos quarenta anos, o almoço era feito em família. As donas de casa tinham como preocupação manter a casa limpa e acompanhar o aprendizado das crianças na escola, enquanto o marido trabalhava para trazer dinheiro para casa, para sustento de sua família. Naquela época, não havia muitos divórcios e os papéis de cada um eram claramente definidos.

Os movimentos feministas começaram a reivindicar os mesmos direitos dos homens para as mulheres, e as libertaram do papel que tinham até então. Durante esse período, as marcas se desenvolveram e acompanharam a evolução das casas. Ano após ano, a tecnologia permitiu aos assalariados trabalharem diferentemente, trabalhar à distância e até mesmo em casa. Os hábitos mudaram, o tempo se tornou algo precioso e as pessoas não têm mais tempo de fazer as suas compras como antigamente.

Com o objetivo de responder a esse problema, as *soluções,* os *universos,* foram propostos aos clientes.

■ O QUE É UMA SOLUÇÃO?

A "solução" em uma loja é o agrupamento dos produtos que respondem a uma mesma ocasião de consumo, uma mesma necessidade. Ela é também chamada de "universo".

A criação de uma solução permite ao varejista se diferenciar, torna o ato da compra um prazer e não mais algo cansativo. Ela responde também à problemática do tempo que está se tornando cada vez mais relevante. Na realidade, nós sempre teremos o tempo, mas não estamos dispostos a investir tanto no ato de "fazer compras", como antes. Não temos mais o mesmo prazer.

■ COMO PROPOR AS BOAS SOLUÇÕES?

As Pesquisas *Shoppers* permitem responder a essa questão. É necessário olhar a abrangência da categoria do ponto de vista *shopper* e analisar quais foram as categorias mencionadas por ele. Podemos também observar os dados *shoppers* disponíveis na base interna de dados através da ferramenta CRM (*Customer Relationship Management* – Gerenciamento da Relação com o Cliente) e ver a complementaridade entre as categorias para construir uma proposta de solução. A solução deve evidentemente responder à estratégia da rede.

■ EXEMPLO DE SOLUÇÃO – MUNDO DO BEBÊ

A estratégia da rede

Tomemos como exemplo uma rede na qual sua estratégia é focar em jovens mães com crianças entre 0 e 4 anos. Por que tal estratégia?

Porque essa rede considera que:

- Os produtos para bebê fazem parte de um mercado significativo, com grandes oportunidades tendo em conta a evolução demográfica.

- Os *shoppers* são, de fato, as "*shoppers*" (perto de 90% segundo a base de *Shopper* Insight SymphonyIRI). As crianças são a prioridade das mães. Elas tentam dar o melhor delas mesmas, em cuidados e produtos, e desejam que seus filhos recebam também a atenção dos outros e de tudo que os cerca. E "sua loja" faz parte deste ambiente.

- Valorizar os bebês cria um laço emocional entre as *shoppers* atuais e aqueles do futuro.

- As famílias com crianças de 0 a 4 anos gastam em média 40% a mais por semana que as famílias sem crianças (excluindo compras com produtos para bebês) em frutas e legumes, produtos orgânicos, leite, lava-roupa líquido, fotos, etc.

- Elas são mais fiéis e também mais exigentes na escolha de sua rede ou loja. Elas estão dispostas a mudar de loja habitual, no caso da loja não responder mais à qualidade esperada ou se o sortimento não responder mais às suas exigências, porque elas compram para a pessoa mais importante de suas vidas: seu bebê.

Fidelizar os *shoppers*

As soluções permitem também ser uma forma de fidelização se responder às necessidades de seus clientes

Em uma pesquisa *shopper* sobre o tema bebê, as mamães declararam que "os cachorros tinham um melhor tratamento na loja que seus próprios filhos". Elas disseram que os produtos para cachorro e gato, estavam todos no mesmo lugar (solução). Por outro lado, para seus filhos, elas tinham que procurar pelos produtos espalhados pela loja: leite em pó na mercearia, fraldas e produtos de banho na perfumaria, mamadeira no têxtil e brinquedos da primeira infância no bazar. Elas também declararam que dividiam o seu dia em função da rotina, dos diferentes momentos com o bebê, por exemplo:

– Momento do banho;

– Almoço/jantar;

– Troca da fralda;

– Passeio.

Para facilitar as suas compras e economizar tempo, elas desejavam que os produtos para bebês fossem disponibilizados no mesmo lugar, e "por categoria".

Na prática

As fraldas perto dos lenços umedecidos, a banheira ao lado de produtos de higiene, o leite em pó próximo das mamadeiras... As lojas que começaram a trabalhar nesse conceito registraram um crescimento de vendas na categoria e principalmente nos produtos geradores de margem, como os acessórios.

Há mais de sete anos, a Tesco, rede varejista inglesa, fez da solução "mamãe e bebê" o destino de suas lojas. Inclusive, veiculou anúncios na televisão sobre os serviços para a mamãe em suas lojas, como a existência de vagas de estacionamento maiores e mais próximas à entrada da loja reservadas às mamães com crianças, de modo a facilitar a abertura completa das portas do carro.

Nos Estados Unidos, o Walmart também evoluiu bastante nessa solução. O layout é muito inovador: quatro quadrados que se comunicam entre si, dentro de um grande quadrado. O piso em madeira marca bem a diferença entre esta solução com o restante da loja. De um lado, existe a puericultura classificada por "momentos" e "idade", do outro lado o têxtil bebê, claramente separado entre meninas e meninos (este, o primeiro critério de decisão de compra, seguido pela faixa etária), o que torna o ambiente dessa solução muito agradável e atrativo.

Walmart, Nova York, Estados Unidos

Walmart, Nova York, Estados Unidos

Walmart, Nova York, Estados Unidos

Em frente às categorias "menina e menino", os produtos de licenças (Disney, etc.) foram colocados em destaque, isto também é um critério de compra importante para alguns clientes.

No Brasil, o Extra já adotou essa solução em algumas de suas lojas. Podemos observar nas fotos abaixo: os alimentos infantis estão integrados na solução chamada "Mundo do Bebê".

Extra, Osasco, Brasil

Extra, Osasco, Brasil

A Solução Mamãe e Bebê é comprovadamente um bom negócio. As lojas que implementam chegam a ter um crescimento de 20% em suas vendas. Muitas lojas ao redor do mundo já adotaram esta solução, mas ainda existem oportunidades.

■ OUTROS EXEMPLOS DE SOLUÇÃO NO MUNDO

No Brasil, a indústria é muito ativa em propostas de solução. A Kraft desenvolveu, em parceria com o Carrefour e o Extra, "o mundo das delícias" que coloca na mesma solução biscoitos salgados e snacks, biscoitos doces e chocolates. O objetivo é se aproveitar do fluxo de biscoitos doces para aumentar as vendas da categoria "chocolate". Podemos também ver uma solução que integra chocolate e balas na rede Wegmans, nos Estados Unidos. Existe até um pequeno trem que circula sobre a solução. Ela é bastante atrativa em função de seu colorido e pela exposição dos produtos.

Desafio: Repensar as Soluções *Shoppers* Derrubando os Pré-Julgamentos... **63**

Wegmans, New York, Estados Unidos

Na Alemanha, encontrei esta solução que saiu em uma pesquisa que realizamos para a categoria "massas" aqui no Brasil. Muito interessante, pois no ponto de vista do shopper massa fresca e massa seca deveriam estar no mesmo corredor. Nesta loja, o que divide as categorias de massa fresca e seca são os molhos. Hoje já há equipamentos refrigerados que também atendem categorias secas.

Rewe, Dusseldorf, Alemanha

No Extra, é utilizado o mesmo conceito para promoções. Por exemplo, na ponta de gôndola é proposta uma solução completa e coordenada de várias categorias, como podemos ver a seguir.

Extra, Osasco, Brasil

Podemos ver abaixo a solução voltada à Confecção Masculina e Feminina.

Extra, Osasco, Brasil

No Brasil existe também outra solução que consiste na integração de pães e bolos industrializados ao lado da padaria tradicional. O *shopper*, desta forma, pode encontrar tudo que precisa de panificação, no mesmo lugar.

Na França, a indústria não utiliza todo o potencial das pesquisas realizadas com os *shoppers*, onde a abrangência das categorias foi definida. Não são propostas com frequência mudanças de layout. Temos alguns exemplos como a Beiersdorf, com a Solução *douce parenthèse*, Procter e Bledina com a solução "mamãe e bebê", e Pain Jacquet que, como no Brasil, propõe a integração do pão industrializado no universo da Padaria.

Se estudarmos o caso dos pães industrializados, essa categoria ganhou mais de 100 milhões de euros em vendas em cinco anos graças a uma verdadeira metamorfose de produtos e uso. Ela se beneficia de uma imagem moderna e em sintonia com os hábitos alimentares atuais.

Após um ano, o crescimento em volume do mercado é gerado em 70% pelo pão de fôrma e 30% por outros tipos de pães (pão para hambúrguer, sanduíches, torrada para aperitivo, etc.).

Apesar disto, se a oferta de produtos gera muitos benefícios, a categoria não é ainda colocada em valor. Muitas vezes subdimensionado e mal localizado na loja, o setor é percebido como "escondido" pelo shopper. Muito centrado no pão de fôrma, os outros tipos de pães não ganham a mesma importância e muitas vezes são expostos na "periferia". Consequentemente, o *shopper* compra por hábito e não faz a compra cruzada. As redes perdem então muitas oportunidades de compra de impulso.

Agnès Epalle, responsável do Gerenciamento por Categorias na Pain Jacquet, desenvolveu uma solução global e uma sinalização que integra perfeitamente a categoria de pães industrializados dentro do universo da Padaria. O lugar desse setor em seu universo é determinante, uma vez que permite o crescimento das vendas em 17% em relação a uma exposição na mercearia. Assim como a categoria exprime melhor seu papel (uso polivalente, às vezes doce, outras vezes salgado, e uma forte complementaridade com o pão fresco). E mais, por colocar em valor esta categoria dentro do universo da Padaria, ela pode exprimir todo seu potencial; a Jacquet desenvolveu uma nova segmentação do sortimento, bem como uma sinalização mais moderna e em acordo com o papel da categoria. O objetivo da sinalização é de estruturar o setor e mostrar todo o sortimento. O teste dessa inovação *in situ* permitiu medir um ganho adicional de 6% em vendas nas lojas testadas, ou seja, o dobro do crescimento do mercado durante o período de teste. Os consumidores entrevistados na loja apreciaram esta mudança:

"...É claro, agradável, bem arrumado, atraente, mais fácil que antes, dá vontade de comprar..."

Abaixo, a sinalização desenvolvida pela Pain Jacquet, também visível *in situ* na loja Cora, de Livry-Gargan, e Auchan, de Cergy-Pontoise.

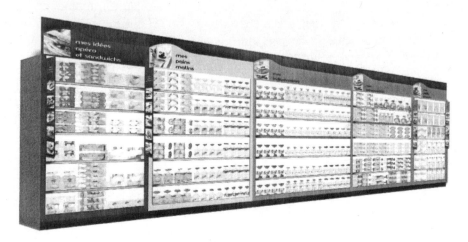

Fonte: Pain Jacquet, 2010.

■ EXEMPLO DA SOLUÇÃO *DOUCE PARENTHÈSE*

Para finalizar com os exemplos franceses, a solução *douce parenthèse*, desenvolvida por Véronique Noël, responsável por Gerenciamento por Categorias na Beiersdorf.

Por que essa solução?

A atratividade atual do setor Higiene e Beleza não é boa, em muito devido à complexidade do sortimento e à falta de clareza e visibilidade, apesar de ser uma solução de grande potencial.

As categorias dessa solução apresentam um forte investimento pessoal e emocional do *shopper*, além de uma oportunidade real de penetração quando comparamos a situação francesa com a de outros países europeus.

Quais são os objetivos da solução *douce parenthèse*?

– Recuperar o crescimento do setor e desenvolver a competitividade do hipermercado no mercado Higiene e Beleza;

– Desenvolver uma iniciativa visionária, inovadora, diferenciada para a geração de vendas no universo Higiene e Beleza, com o intuito de impactar o *shopper* no ponto de venda;

– Apoiar-se sobre o coração do setor, o espaço da hidratação do rosto e corpo.

A iniciativa

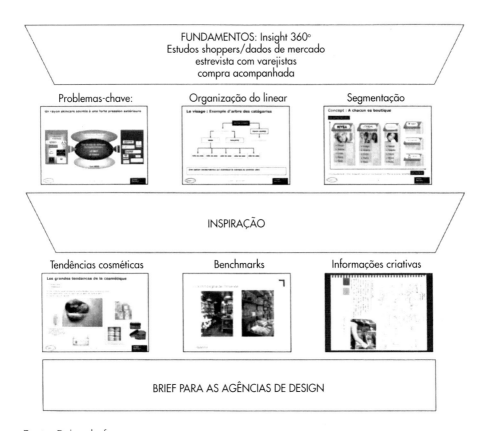

Fonte: Beiersdorf

68 Guia de Gerenciamento por Categorias

A equipe de Gerenciamento por Categorias fez as seguintes perguntas sobre a reestruturação do sortimento:

- Como reagrupar as categorias?
- Como organizar?
- Quanto espaço deve ser dado para cada categoria?
- Qual o sortimento a ser escolhido?

E também questões sobre como renovar a experiência de compra dessas categorias:

- Como suscitar a vontade de voltar ao espaço "Cuidados com o corpo e rosto"?
- Como estimular as compras (novidades/produtos complementares)?

A pesquisa com o *shopper* deu a resposta: "A categoria Cuidados com o Corpo é a recompensa e a pausa para o cansaço das compras para a família".

Logo, a ideia que surge é: "A pausa e o bem estar no centro do hipermercado."

1. O espaço dedicado propõe uma *nova experiência de compra*:
- Pela mobilização dos sentidos;
- Por sua atmosfera em ruptura com o resto da loja.

2. As categorias de "Cuidados com o Rosto e Corpo" no coração de Higiene e Beleza:
- O contrário da prática atual.

3. Com uma lógica de organização intuitiva "dos pés à cabeça".

Na prática

Como você verá a seguir, o visual corresponde exatamente ao objetivo proposto.

Desafio: Repensar as Soluções *Shoppers* Derrubando os Pré-Julgamentos... **69**

Fonte: Beiersdorf

Animação do linear
– Valorização da inovação
– Valorização das promoções

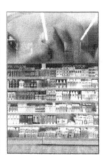

Sortimento
– Visibilidade e clareza
– Valorização do sortimento

Fonte: Beiersdorf

A Beiersdorf desenvolveu dois formatos:

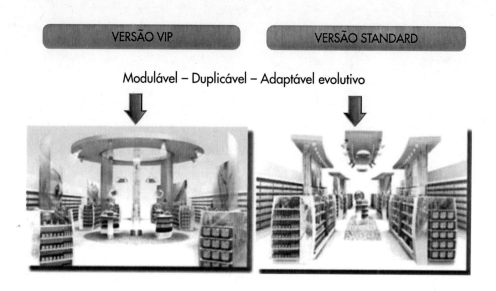

O conceito foi aprovado pelo varejista. Posteriormente, elaborou-se o layout e chegaram à seguinte proposta:

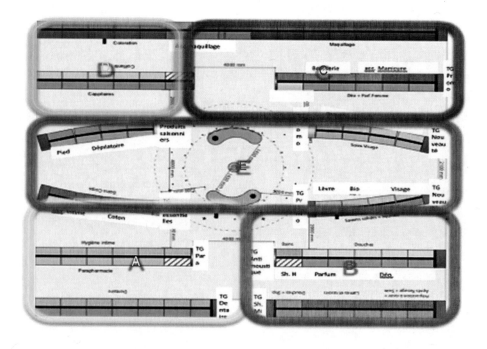

Veja o resultado da implantação em loja:

Valorização do sortimento	Visual do alto da gôndola
Luz colocada para frente a fim de valorizar os produtos	Segmento e orientação

Fonte: Beiersdorf

O projeto integrado nas lojas teve um resultado bastante interessante:

+ 6% em vendas, para o setor Higiene e Beleza e + 14% para as categorias "cuidados com o corpo e rosto" (Fonte SymphonyIRI).

O impacto nas vendas foi superior ao normal, em se tratando de uma reimplantação do setor com sinalização (+ 6% *vs.* + 2%).

Outro ponto importante dessa iniciativa é que a Beiersdorf realizou também uma pesquisa com o *shopper* depois da implantação, e estes gostaram bastante.

Qual é a percepção da solução *douce parenthèse*?

Um setor mais moderno e espaçoso:

– Dá vontade de voltar (antes: 66%/depois: 78%);

– A nota média está em progressão no global em termos de prazer de comprar;

– A "área" está em ruptura como o restante da loja.

Um convite à calma e ao relaxamento:

– O setor lembra um spa, um Salão de Beleza.

O respeito da imagem de competitividade de preços da rede
Sinalização e orientação que facilitam a vida:
– Os painéis azuis são utilizados na altura de 28%.

Um espaço diferenciado, sem parecer uma loja especializada:

- Valorização do sortimento
- Visual no alto da gôndola
- Luz em avanço na frente
- Segmentação e orientação para valorizar o sortimento

■ A IMPORTÂNCIA DO LAYOUT (SEGMENTAÇÃO DA CATEGORIA) PARA UMA LOJA

Quando começamos um projeto de Gerenciamento por Categorias, é interessante iniciar pelo layout. Na realidade, é necessário ter certeza de que o espaço dedicado à categoria é o correto, e que permite ao *shopper* conciliar sua vontade de comprar com a necessidade de ganhar tempo e prazer ao realizar as suas compras, tratando de colocar nas adjacências ou nas proximidades as categorias complementares que formam uma solução.

O layout pode ser um diferencial em relação à concorrência para as redes varejistas. É necessário ousar, fazer diferente, é necessário quebrar as barreiras internas, pensar de outra forma. A principal dificuldade dessa mudança é o hábito e a rotina. Os hábitos são difíceis de mudar, principalmente na França.

Mesmo as soluções já identificadas pelo mercado, como a solução "mamãe e bebê", ainda não estão presentes em todas as redes. Isto testemunha com amplitude a dificuldade da maioria dos responsáveis por essas redes em pensar *shopper*-cliente. Existem até aquelas que dizem que não funciona, sem nunca ter testado.

Por que eles ainda não fizeram nada? Por que eles não acreditam? Ou existe uma barreira interna que não permite agrupar produtos do não alimentar com alimentar? O *shopper* ignora a divisão de gestão e responsabilidade entre alimentar e não alimentar. Isto não interessa para ele, não é seu problema. Ele quer uma resposta global, que vai responder às suas necessidades naquele momento.

A vontade de ganhar tempo é uma noção essencial para o *shopper,* é então uma força para o Gerenciamento por Categorias quando seu desejo é atendido. Na realidade, ele se esforça em fazer com que o *shopper* ganhe esse tempo, propondo um layout mais fácil, um sortimento que responda às suas necessidades sem complicar seu ato de compra com produtos que não lhe interessam. E ainda vai propor um merchandising através do planograma, que respeitará sua árvore de decisão de compra (critério de compra, chave de entrada), reforçado por uma sinalização apropriada no ponto de venda.

Também é possível que não exista a demanda por parte dos varejistas, conforme constatado durante as entrevistas realizadas com os fornecedores. Eles mencionavam que os varejistas são ainda herméticos a esse tipo de iniciativa.

RANK	*SHOPPERS* DA TESCO	*SHOPPERS* DA ASDA	*SHOPPERS* DE SAINSBURY'S	*SHOPPERS* DE MORRISONS
1	Layout	Preço	Layout	Layout
2	Acesso	Layout	Acesso	Preço
3	Preço	Acesso	Preço	Acesso
4	Cartão Fidelidade	Estacionamento	Estacionamento	Estacionamento
5	Estacionamento	Sortimento	Cartão Fidelidade	Promoção
6	Sortimento	Promoção	Marca Própria	Sortimento
7	Horário de Abertura	Não-alimentar	Serviço ao Cliente	Marca Própria

O quadro acima ilustra uma pesquisa realizada na Inglaterra pela IGV nas quatro principais redes de varejo do país, e demonstra que o critério de escolha do *shopper* muda em relação à rede que eles estão habituados a fazer suas compras. Por exemplo, os clientes da Asda (rede varejista inglesa) buscam "mais o preço" como critério, enquanto os clientes das outras redes priorizam antes de tudo o layout.

De acordo com uma pesquisa da SymphonyIRI realizada pela *LSA* (revista especializada do varejo), os franceses pensam que os setores são claros, mas pouco explorados. Os *shoppers* vão rapidamente ao interior dos setores para encontrar seus produtos por diversas razões:

– É sua loja habitual, eles conhecem os setores e reclamam das reorganizações que mudam sua rotina;

– Identificam rapidamente os polos dentro dos setores; as embalagens e as cores (embalagens específicas a cada segmento, cores próprias a um segmento) desempenham um papel importante;

– Acham "lógicas" as associações de produtos dentro dos setores, em sua globalidade.

Os maiores adjetivos para descrevê-los hoje são: "claro", "limpo", "bem alinhado", "bem iluminado". Uma impressão de ordem e clareza é primordial. Por outro lado, a percepção dos setores da mercearia (PGC – Produtos de Grande Consumo) se traduz por uma falta de diferenciação, uma vez que a maioria dos setores são parecidos: *"Os setores? Eles são todos iguais", "Nós estamos em frente a um muro de produtos".* Um sentimento de monotonia emerge, a prioridade é, então, criar rupturas visuais, além de uma solução aliada a um bom merchandising, o que deixará as categorias mais atrativas, é o que me parece uma boa resposta.

Quem são os maus alunos?

- Duas categorias identificadas como as menos agradáveis

Categoria conserva de peixes

Categoria conserva de legumes

- Sem identificação visual das categorias:
    → Categoria peixes: **cores misturadas** > tons múltiplos
    → Categoria legumes, uma cor **dominante: o verde** > tom único

Fonte: SymphonyIRI

E os bons alunos?

- **Categorias elogiadas por suas cores**

Categoria ajuda culinária

Categoria temperos

→ Móveis: ajuda culinária, ervas, vinhos

→ Categoria Higiene e Beleza: visual com fotos grandes, teatralização dos produtos nas vitrines

"Existe demonstradores muito atrativos, bem cuidados. É uma categoria que precisa disto...
Nós temos a impressão que foi dada uma atenção especial para nós *shoppers*, que não estamos em uma fábrica"

→ Categoria iogurte e queijo: móveis pretos

Para o *shopper*, cuidar das categorias

=

Cuidar do *shopper* e ele restitui uma maior dignidade

Fonte: SymphonyIRI

- Categorias elogiadas pela decoração trabalhada

Vinhos	Higiene
"É agradável, dá um ambiente de adega"	"Foi bom terem trabalhado este setor, porque é um setor feito para isto"

Fonte: SymphonyIRI

■ PENSAR CLIENTE

Para concluir, todo mundo reconhece que é necessário satisfazer o *shopper*, e na realidade isso é muito simples. Não se pode manter a história de que se faz assim e será assim para sempre, ou em função da facilidade operacional para o fornecedor ou varejista. Deve-se pensar CLIENTE.

A indústria gasta muito dinheiro para conhecer o comportamento do *shopper*. Faz-se necessário, em seguida, concretizar essas necessidades dentro das lojas. Para que isso ocorra, é necessário adotar uma nova maneira de ver o *shopper* e as categorias, e é nesse momento que as coisas se complicam. Por quê? Porque é novo, porque vai dar muito trabalho, porque os varejistas não estão acostumados a trabalhar desta forma, porque é mais difícil fazer a reposição, etc. O "porquê" é ilimitado!

Por consequência, minha proposta é para pensar diferentemente. Não estou dizendo que é fácil mudar, nem que a problemática operacional não existe, mas eu ouso afirmar: o problema é menor do que aparenta ser!

O convite não é exclusivo aos varejistas, é válido também aos fornecedores, que não podem rejeitar a ideia de fazer melhor.

A primeira coisa a fazer é ganhar a legitimidade da diferenciação. Em um dado momento, vão multiplicar seus novos conceitos de maneira adaptada a cada rede, com seus próprios elementos de distinção. O tempo e a velocidade da execução são os elementos de diferenciação.

Ou você é o primeiro a implantar uma solução, quebrar as barreiras internas e encantar seu cliente, ou você copia os outros e não ganha o elemento de diferenciação perante seus clientes.

Os pontos importantes deste capítulo

– As mudanças de comportamento de compra: antigamente as mulheres ficavam em casa para cuidar das crianças e da casa enquanto o homem trabalhava. Hoje as mulheres trabalham tanto quanto os homens, e ainda cuidam da casa e dos filhos. Isto iniciou uma mudança de comportamento de compra, principalmente ligada à falta de tempo.

Os casais têm menos tempo para se dedicar às compras, e por isso é necessário fazê-las de forma rápida e eficaz.

– O objetivo do Gerenciamento por Categorias é de propor uma loja agradável, um sortimento correto (os produtos que eles procuram) e constante (sem ruptura de estoque), bom preço e um merchandising simples, que ajude a responder a seus critérios de compra, e por consequência, facilitar sua escolha.

O Gerenciamento por Categorias deve responder a estas questões.

É o conhecimento do *shopper* que vai assegurar a diferenciação sobre o mercado de um varejista/fornecedor em relação a outros varejistas/fornecedores;

O Gerenciamento por Categorias não se limita a estudar uma categoria, deve levar em conta a solução, a mais completa possível para o *shopper*. É preciso reunir em um mesmo layout as categorias que respondem a uma mesma necessidade e agrupar, formando um universo, as categorias que correspondem a uma mesma ocasião de compra.

Opinião Profissional: Sinalização

Quem está no mercado de comunicação, seja há 5, 10 ou 20 anos, sabe o quanto é comum os planejamentos de campanhas seguirem roteiros pré-estabelecidos: ATL, campanhas online, promoções e, enfim, o material de PDV, pequena parte do investimento comparada a outras ações, mas com grande responsabilidade em resultados por ser o principal influenciador na hora da venda.

Mas como pensar em um MPDV que seja efetivo em levar o shopper a comprar algo que não estava programado ou a fazer uma escolha diferente da original? Sinalizar de forma eficiente não é uma receita de bolo, não se resume a "jogar" sem sentido benefícios e diferenciais em algum espaço próximo ao ponto natural.

No PDV, o segredo da comunicação está em carinhosamente avaliar como cada informação será entregue e absorvida pelo *shopper*. Entender o momento e o espaço, respeitar uma quantidade infinita de estímulos, captar qual a hora certa para falar sobre o diferencial daquilo que está sendo "vendido" é tão importante quanto um preço coerente e uma embalagem atrativa.

Mas, afinal, qual é o desafio? Vender, informar, divulgar, sobrepujar?

Ninguém compra o que não localiza, não investe no que não conhece, muito menos troca de marca apenas por trocar. Está ali o momento de brilhar, o grito mudo do vendedor na beira da loja falando que seu produto é melhor que ooutro.

Ter a sagacidade para aproveitar cada segundo de atenção e lançar o argumento correto na hora certa é o segredo.

O MPDV tem de ser a cada dia que passa mais inteligente e articulado com o espaço que ocupa, captando oportunidades e deixando obvia a melhor escolha.

Pesquisar novas ferramentas, abusar da tecnologia, entender com quem sefala e querer sempre se superar têm que fazer parte desse processo.

No final, quem define é o shopper, mas ele terá certeza de que está fazendo a melhor escolha.

Juliana Guimarães
Mandarin

Capítulo 5 ■

Como preparar minha empresa para aplicar o Gerenciamento por Categorias

■ APLICAR A METODOLOGIA

A decisão de implementar a metodologia na empresa é estratégica. É o DG (Diretor-geral), ou seja, o CEO (*Chief Executive Officer*), que deve ser o responsável por esta decisão, para assim garantir ao projeto sua verdadeira aplicação. Sem o engajamento de todos os níveis, a implementação não será possível, uma vez que existem muitas decisões importantes que serão tomadas desde o início do projeto.

Para as empresas que iniciarão a aplicação da metodologia, minha recomendação é começar com os oito passos tradicionais, e somente depois utilizar a metodologia simplificada. Uma vez que já conhecemos a definição e o papel da categoria, não é necessário refazer essa parte a cada ano, já que o comportamento do *shopper* não muda de maneira brutal e rápida, e sim de maneira evolutiva. Refazer o estudo *shopper* a cada três anos é o suficiente. Se houver mudanças conjunturais significativas, deve-se elaborar táticas que respondam a essas mudanças, que podem ser ou não temporárias.

■ O PAPEL DE QUEM DECIDE

Se for eu a pessoa responsável pela decisão de colocar em prática a metodologia *catman* em minha empresa, o que devo fazer?

Você encontrará sugestões do que fazer no decorrer deste livro. Vou distinguir as tarefas desejáveis, mas não necessariamente obrigatórias daquelas que são indispensáveis. Acompanhar ponto a ponto estas recomendações é uma garantia de sucesso e do resultado.

É também muito importante prevenir todos os participantes que a implementação da metodologia implica em mudanças de comportamento, de organização, de formação, e que tudo isso leva tempo.

O planejamento

É ilusório acreditar que podemos aplicar a metodologia em três meses. É necessário pensar em no mínimo um ano, a partir da decisão tomada e posta em prática, para que essa metodologia de trabalho comece a dar seus frutos.

O pré-projeto incorre em aproximadamente um terço do tempo, e desempenha papel fundamental no sucesso do resultado final. Para a primeira aplicação, entre o início do projeto e sua implementação, é necessário de seis a nove meses, e isso dependerá da realização da pesquisa com o *shopper* ou não. Quando as categorias já tiverem sido trabalhadas e a nova organização implementada, você poderá aplicar a metodologia de forma mais industrial, e o tempo poderá ser reduzido a um mês.

É verdade que esse começo poderá parecer um pouco longo para se obter resultados. A pressão do cotidiano força uma tendência de "esquecer" a estratégia a longo prazo. O orçamento nos pressiona frente às reações dos concorrentes, aliado ao investimento em pessoas e o alto custo das pesquisas, tudo isto gera tensão e estresse, caso o prazo não seja esclarecido desde o início.

As mudanças organizacionais

Quando falamos em mudança organizacional, é importante considerar que será necessário gerenciar problemas pessoais e de ego. O Gerenciamento por Categorias impõe uma nova maneira de se trabalhar, e podem ocorrer mudanças significativas que impactarão na atividade, bem como em transferências de budgets que devem ser previstos. É possível que algum colaborador perca certas atividades e sinta-se como se estivesse perdendo poder, consequentemente colocando-se na defensiva e podendo resistir à mudança. É por essa razão que a parte mais importante do Gerenciamento por Categorias é o pré-projeto. Uma vez que tudo foi estabelecido, explicado e colocado em prática, a ação fica mais fácil de gerir. Por isso, é imprescindível que tudo esteja claro, desde o início, na totalidade do projeto e de seus componentes.

◼ O INÍCIO

Vamos abordar essa iniciativa em três pontos:

O pré-projeto:

- Definição da equipe que irá compor o Grupo de Trabalho;
- Definição do Comitê que validará as propostas do Grupo de Trabalho;
- Desenvolvimento de um slogan e comunicação via Intranet (desejável);

- Contrato de Confidencialidade;
- Organização (indispensável);
- Plano de motivação (desejável);
- Seminário Anual do Gerenciamento por Categorias;
- Plano de formação (indispensável).
- As pesquisas *shoppers*;
- A aplicação do projeto.

Pré-projeto

Definição da equipe que irá compor o grupo de trabalho

Em primeiro lugar, é necessário compor a equipe que irá "pilotar" o projeto. O líder e sua equipe deverão ter algumas qualidades e habilidades:

– Capacidade de manter uma relação cordial com as pessoas de todos os níveis da empresa;

– Senioridade para o gerenciamento de uma equipe;

– Capacidade de análise e síntese;

– Proatividade (fazer sugestões, procurar ajuda, antecipar-se aos problemas, propor).

Definição do comitê

É necessário criar um comitê composto pelos diretores que terão a responsabilidade de validar as propostas. Esses diretores se reunirão a cada quinze dias, com o objetivo de acompanhar o projeto, manterem-se informados a respeito do status de cada atividade, e principalmente facilitar e apoiar o grupo de trabalho. Podemos considerar que eles serão os responsáveis em garantir o bom andamento do projeto.

Minha recomendação para a constituição desse comitê, é a seguinte:

- Indústria: RH, Comercial, Marketing, TI e *Trade Marketing*;
- Varejista: RH, Comercial (por área), TI, Marketing, Operações (um ou dois representantes das lojas piloto).

Desenvolvimento de um logo e comunicação via Intranet (desejável)

É muito útil ter um bom logotipo que identifica e representa o projeto internamente, e quando possível, também externamente. Isso nos ajudará a

84 Guia de Gerenciamento por Categorias

estabelecer uma boa comunicação durante o desenvolvimento do projeto de maneira visual e lúdica. Para criar um bom logotipo, e para que seja um sucesso, é necessário efetuar um briefing bem detalhado, para que a agência de publicidade possa elaborar boas propostas. Quanto mais claro o briefing, melhor será a proposta. Em seguida, será necessário registrar o logotipo juridicamente como uma marca registrada, para que o mesmo não seja copiado ou utilizado pela concorrência. É também importante desenvolver uma Intranet para comunicar todas as informações sobre a evolução do projeto. Faz parte da equipe responsável pelo projeto propor todas as "abas" que irão compor o site Intranet, como por exemplo:

– Participantes, datas e lugares de formação;

– Novidades do projeto;

– Atualização do projeto;

– Implementação e resultados;

– Acompanhamento do plano de motivação, etc.

Contrato de confidencialidade

Esse aspecto não pode ser negligenciado porque existem informações confidenciais que serão compartilhadas e que devem ser protegidas juridicamente. Antes de dividir essas informações, é necessário que o contrato tenha sido assinado pelas pessoas habilitadas juridicamente de ambas as partes a assinar pela empresa, ou seja, que tenham esse poder perante a lei. É bom destinar um bom tempo para essa etapa, uma vez que poderão existir inúmeros entraves entre as empresas em função das revisões do departamento jurídico, geralmente muito cuidadoso com cada detalhe; e isso evidentemente toma tempo. O varejista não poderá compartilhar com terceiros (outros varejistas ou fornecedores) certas informações do capitão da categoria como, por exemplo, as pesquisas com o *shoppers.* Isso porque o capitão da categoria fez investimentos elevados para realizar essas pesquisas e desenvolveu uma estratégia nova dentro de sua empresa para satisfazer os *shoppers.* Logo, essa informação é considerada confidencial.

As informações dos varejistas que têm cunho comercial não podem, certamente, ser repassadas ao comercial da indústria: isso criaria interferências impossíveis de administrar no momento das negociações. Se o varejista se der conta de que o comercial do fornecedor teve acesso a essas informações, isso poderá ter graves consequências, como o cancelamento da parceria. Ou até mesmo um processo jurídico contra o fornecedor, além do risco de "sair" de linha.

Esta é uma das razões pelas quais o Contrato de Confidencialidade deve ser nominativo. Dessa forma, somente a pessoa autorizada e seu responsável terão acesso às informações. Isso explica o porquê da função comercial não poder exercer, ao mesmo tempo, a função de vendas e *catman* (*Category Manager*).

Uma vez que o Contrato de Confidencialidade tenha sido assinado pelas duas empresas, a troca de informações, a reflexão e as análises podem ser efetuadas. Atenção: limitar o acesso à informação ao *Category Manager* e seu chefe (ninguém mais).

Organização (indispensável)

Em primeiro lugar, é necessário realizar uma boa reflexão sobre a organização para aplicar a metodologia na empresa, a fim de garantir a eficácia e perenidade do projeto.

Para atender a questão de confidencialidade exigida para a aplicação da metodologia com um capitão, o fornecedor deverá ter uma equipe dedicada ao Gerenciamento por Categorias, e esta não pode responder ao *key account*.

Na França, a maioria das empresas trabalha em binômio com o *key account,* e felizmente os *Category Managers* não estão ligados hierarquicamente.

É fundamental que o varejista tenha total confiança que os dados de mercado que serão analisados pelo capitão serão tratados com imparcialidade e objetividade.

Hoje, existem empresas que querem delegar esse trabalho ao *key account* com o objetivo de reduzir custos. **Eu defendo a ideia de jamais integrar essas duas funções, porque essa integração não pode responder aos valores éticos de base do Gerenciamento por Categorias**, como exemplificado no quadro a seguir.

86 Guia de Gerenciamento por Categorias

KEY ACCOUNT	CATEGORY MANAGER
Tem por objetivo o crescimento da marca e das vendas como um todo.	Tem por objetivo o crescimento da categoria

> Não acredito que a pessoa responsável pelo volume de vendas possa ter a imparcialidade requerida. Pode acontecer do *Category Manager* ter que excluir um produto seu, porque ele não responde à performance esperada, ou ter que favorecer o crescimento de seu concorrente para fazer crescer a categoria. Logo, é uma grande mudanda de mentalidade.

Não existe um padrão que garanta o sucesso, mas existem alguns organogramas que facilitam a relação com o varejista nesse processo de implantação da metodologia *catman*. Existem modelos que estão mais de acordo com o jeito de ser da sua empresa, com os seus valores e que podem vir a facilitar o andamento do projeto.

Abaixo, você encontrará os organogramas mais comuns da indústria e poderá facilitar o seu benchmarking daquele que poderá estar mais adaptado à realidade da sua empresa.

No primeiro exemplo, o diretor integra a responsabilidade do marketing e do comercial. Ele é apoiado por um diretor comercial e um diretor *Category Management*. Esse último é responsável pelos *Category Managers* por rede e trabalha em binômio com o *key account*.

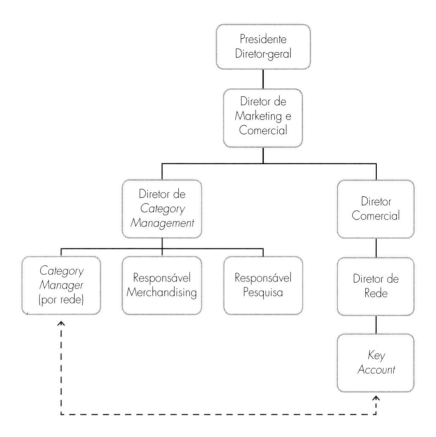

No segundo exemplo, o *key account* também trabalha em binômio e prepara as recomendações para cada varejista, ele vai agir como o *expert* do varejo. Esse organograma é o mais utilizado pelas empresas entrevistadas.

O Diretor de Desenvolvimento das Vendas é o responsável pela equipe de *Category Management* que vai produzir as análises (mercado, pesquisa, etc.) e as recomendações que são extraídas dessas ferramentas, além da negociação comercial.

O diretor *key account* cuida das redes e o Diretor de Vendas da equipe que visita as lojas.

88 Guia de Gerenciamento por Categorias

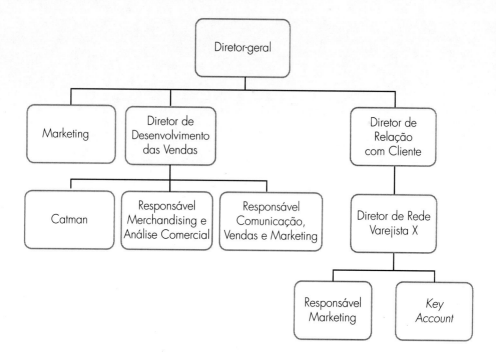

O terceiro exemplo não é muito utilizado. Nesse caso, o *Category Management* está ligado hierarquicamente ao marketing e não à direção de desenvolvimento da categoria, como pudemos notar no exemplo precedente.

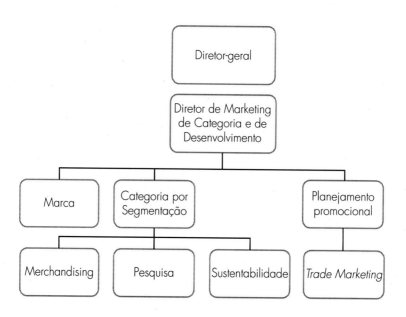

Como Preparar Minha Empresa para Aplicar o Gerenciamento por Categorias **89**

No quarto exemplo, o *Category Management* não está organizado por categoria, e sim por rede do varejo.

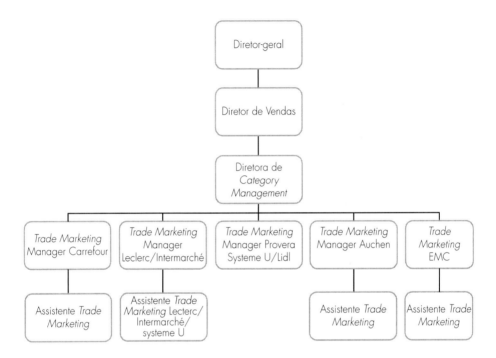

No quinto exemplo, o *key account* e o *Category Manager* estão ligados hierarquicamente ao mesmo diretor. Não recomendo essa organização, pois acredito que o *Category Manager* não deve estar subordinado ao Diretor Comercial, mas sim ao Diretor de Desenvolvimento de Vendas, como vimos anteriormente.

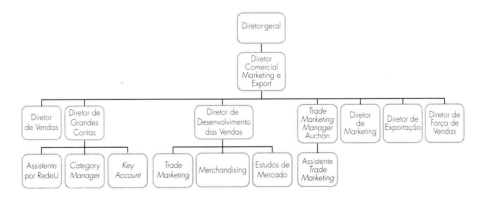

No último exemplo, que felizmente não é muito utilizado, o *Category Manager* trabalha diretamente com o *key account*. Essa organização é incompatível com o princípio de Gerenciamento por Categorias.

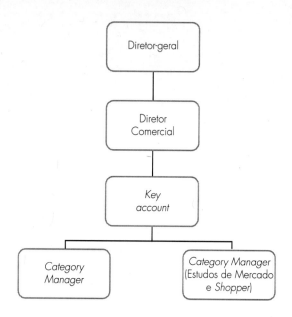

Uma vez que a organização foi definida, é necessário estabelecer o *Job Description (descrição de cargos)* de cada função. Normalmente, as pessoas querem aproveitar seus recursos internos, mas nem sempre é possível, uma vez que as pessoas do *catman* não têm o mesmo perfil daquelas do comercial.

Para a indústria, é possível mobilizar as pessoas oriundas do marketing, por exemplo.

Quanto aos varejistas, estes têm a tendência de posicionar pessoas do departamento comercial, mas isso só é possível se a pessoa escolhida atender exatamente ao perfil desenhado para a função. Caso o candidato não tenha o perfil analítico solicitado, será necessário recrutar em outro departamento, ou ainda externamente. Não se pode apenas "completar as casas", mas ter a certeza de que o profissional atenda às necessidades requeridas no cargo.

No momento de recrutar, recomendo utilizar "*cases* internos de Gerenciamento por Categorias", e solicitar aos candidatos análises e comentários. Desta forma, ficará mais fácil detectar, o senso de análise requerido ao candidato.

Plano de motivação (desejável)

Antes de iniciar o projeto, e para assegurar o engajamento da equipe com mais rapidez, é necessário elaborar um bom plano de motivação.

Um espaço na Intranet dedicado ao Gerenciamento por Categorias deverá conter todas as informações sobre o projeto, como por exemplo:

- Uma palavra do presidente explicando a importância do projeto para a empresa e seu engajamento a favor do Gerenciamento por Categorias;
- Uma explicação resumida do projeto de cada um dos diretores implicados;
- Composição das pessoas que fazem parte do Comitê do Piloto e Grupo de Trabalho;
- As mudanças em relação à organização (após comunicado às pessoas envolvidas diretamente na mudança);

As informações do cotidiano que irão permitir "dar vida" à *Intranet*:

- Datas de formação;
- Testemunho de participantes após a formação;
- Colocar à disposição o suporte da formação;
- Trabalho realizado pelas equipes após a formação, etc.

O ideal é que o responsável pelas atualizações semanais seja uma pessoa da equipe do projeto. É uma boa maneira de motivar a equipe, que saberá permanentemente o que acontece no processo Gerenciamento por Categorias. Logo, o constante acompanhamento do site é muito importante. Um site desatualizado dará a impressão que o projeto não é importante, e que as pessoas não estão devidamente envolvidas.

Seminário anual sobre Gerenciamento por Categorias

É relevante desenvolver um seminário anual com o objetivo de dar vida ao projeto de Gerenciamento por Categorias. Isso garante, em geral, certa motivação para todos. É importante que esse evento faça parte do calendário de eventos da empresa (quando, onde, quem participa, etc.). O ideal é prever esse seminário após 01 (um) ano do lançamento do projeto, de maneira que seja possível apresentar os primeiros resultados durante o evento.

Os objetivos desse seminário são:

– Motivar as pessoas envolvidas a se engajarem com o projeto.

– Fazer do projeto Gerenciamento por Categorias um objetivo comum.

– Reconhecer, valorizar e felicitar os mais engajados e aqueles com as melhores performances.

– Valorizar os que mais se comprometeram com o projeto.

É necessário definir:

- O desenrolar:

  – quando e onde?

  – o Seminário vai fazer parte de uma Convenção já prevista?

  – ou o Seminário será um evento único para o tema?

- Participantes: Quem é legítimo para participar? Todas as pessoas que respondem aos critérios definidos para participarem do Seminário. Mas é necessário preparar muito bem este ponto desde o início, para assim evitar mal entendidos e frustrações;

  – Para a indústria: Quais pessoas além do comercial? Marketing?

  – para o varejista: Compras, diretores de loja? RH? Marketing?

- Desenvolvimento: quantas pessoas devem apresentar no Seminário? Tudo depende do tempo disponível para cada apresentação, mas proponho que sejam os três melhores e que a seleção seja dividida em duas fases:

  – uma fase de pré-seleção realizada pelo Grupo de Trabalho, que vai selecionar todos os projetos "apresentáveis";

  – uma segunda fase que permita aos participantes do evento votarem on-line no projeto que, segundo eles, responde de forma legítima aos critérios de seleção definidos. Se a opção de votar foi escolhida, minha proposta é que o Comitê escolha seis projetos na primeira fase, e que destes, três sejam escolhidos por voto dos participantes.

- Critérios de escolha: como selecionar os critérios de escolha?

  – algumas sugestões: inovação, performance, facilidade de *roll out*, satisfação do cliente, excelência das análises, resultados obtidos;

  – também é possível escolher os projetos por tema, como por exemplo o mais inovador, o de melhor resultado, o mais fácil a multiplicar, etc.

Recompensa interna e externa. Duas questões devem ser colocadas:

- Para a indústria: O cliente vai participar?
- Para o varejista: O fornecedor vai participar?

Minha recomendação é que devem participar em ambos os casos. É muito motivador para a equipe e para o reconhecimento das pessoas envolvidas.

Em relação à recompensa ou prêmio, este não tem de ser necessariamente "dinheiro". Deve-se considerar, na indústria, as políticas quanto à ética do varejista antes de decidir que tipo de recompensa será dada nesse evento. Essa recompensa pode virar um pesadelo se ela não for bem definida e não se levar em conta as políticas de cada empresa. Existem empresas varejistas que não aceitam nenhum prêmio em dinheiro, viagens, etc. Mas em todos os casos, um troféu será bem vindo. De maneira geral, esse tipo de restrição não existe internamente na indústria.

Uma vez que o plano de motivação foi desenvolvido com o RH, é necessário divulgar e acompanhar internamente pela Intranet o que foi feito. Não hesite em também colocar painéis nos corredores.

Plano de formação (indispensável)

Para a Indústria

No caso da indústria, são as equipe *catman* e merchandising que deverão ser formadas.

Uma vez que a equipe foi formada, chegou o momento de formar sua equipe de vendas e merchandising para a futura aplicação nos clientes. Isso pode ser para desenvolver uma parceria para o Gerenciamento por Categorias ou simplesmente e para implementar o planograma definido para a categoria.

Hoje, na França, não existe uma "verdadeira" parceria concebida pelo Gerenciamento por Categorias, quer dizer que o varejista não divide as informações da categoria com seus fornecedores, ou não de maneira totalmente transparente. O varejista pede propostas sobre sortimento e merchandising a cada um de seus principais fornecedores. Em seguida, decide o que vai fazer. Aquele que demonstrar mais imparcialidade durante esse processo obterá mais chances de ser escolhido. Os dados IRI, Nielsen e GFK são as informações mais utilizadas para a proposta do sortimento.

Normalmente, a equipe *catman* do fornecedor trabalha em binômio com o *key account* e fornecem a este todas as análises da categoria. Já no Brasil, essa troca de informações acontece e alguns varejistas dividem, inclusive, a parte de rentabilidade da categoria.

Para Os Varejistas

As pessoas que devem receber as informações são aquelas que serão as responsáveis da categoria. Os varejistas podem formar a pessoa que vai cuidar do sortimento, e se a não existir, esta poderá ser o comprador.

Tudo depende da organização que foi escolhida, mas é fundamental que a equipe da loja piloto participe das formações para melhor entender as mudanças que irão ocorrer na loja.

Para se ter certeza do bom desenvolvimento do projeto e da boa compreensão de todos os conceitos, é aconselhável separar todas as etapas e dar o tempo para serem colocadas em prática cada uma delas.

Minha recomendação é separar as equipes por similaridade das categorias, por exemplo:

– frequência de compra das categorias ;

– dados do mercado e similaridade destes mercados, etc.

De certa forma, a formação ocorrerá de forma mais fluída e fácil, uma vez que a realidade das categorias serão as mesmas. O ideal é não misturar categorias muito diferentes, por exemplo: condimentos e cervejas. Mas nós podemos reagrupar as categorias que são acompanhadas pelo mesmo tipo de Instituto, normalmente chamadas como categorias auditadas.

É recomendável não ultrapassar o limite de trinta pessoas por formação.

As pesquisas com o *shopper*

Esse assunto já foi abordado no capítulo 3, onde esclareci a importância de uma pesquisa *shopper* e a pertinência de fazê-la ou não.

Para o projeto, é necessário prever de três a quatro meses para realizar as principais pesquisas que serão indispensáveis para a boa condução do projeto. É importante prever o tempo para efetuar os orçamentos, para o briefing e para a parte qualitativa. Pode-se separar, no mínimo, um mês só para esta parte. Em seguida, efetuamos a aplicação da parte quantitativa, tabulação e análise, o que irá levar aproximadamente mais três meses.

Sem uma pesquisa com o *shopper*, não é possível iniciar o projeto, uma vez que as próximas etapas dependem da primeira. A pesquisa com o *shopper*, como já dissemos, é imprescindível.

A implementação do projeto

Como implementar o Gerenciamento por Categorias?

Em primeiro lugar, é necessário ter a certeza de que os recursos humanos são adequados para a condução do projeto. É preciso também se assegurar que temos todos os dados de mercado.

Iniciamos com uma reunião para explicar aos envolvidos todas as etapas do projeto, mas também comentaremos sobre os valores e a importância do engajamento das duas empresas (varejista e fornecedor) que permitirão a realização desse projeto.

Uma vez que isso está estabelecido, podemos passar para a próxima fase, que consiste na assinatura do contrato de confidencialidade, necessário para dar início ao projeto e que foi preparado pela equipe do jurídico, na primeira parte deste livro (cf. página 88 "Contrato de Confidencialidade").

Uma vez que o contrato de confidencialidade foi assinado, pode-se iniciar a aplicação da metodologia.

O processo do Gerenciamento por Categorias é fundamentado em três valores básicos:

CONFIANÇA	IMPARCIALIDADE	CONFIDENCIALIDADE
A confiança é fundamental para a troca de informações **Varejo**: Vendas em volume e valor de todos os produtos da categoria. **Indústria**: Resultado da Pesquisa com o *shopper*.	A indústria capitã da categoria deve ter uma equipe dedicada ao projeto. Esta pessoa não pode ter nenhum vínculo hierárquico com o *key account* de sua empresa. Ele deve ter total autonomia para tomar decisões e ter o suporte do Diretor-geral.	O contrato de confidencialidade vai garantir o uso apropriado das informações trocadas entre os parceiros. As informações do varejista não podem ser divididas com a equipe de vendas. O uso é restrito ao *Category Manager*.

Os pontos importantes deste capítulo

- As principais etapas para se colocar em prática o Gerenciamento por Categorias;
- Os pontos indispensáveis e desejáveis para a boa implementação do projeto.

Opinião Profissional: como preparar minha empresa para a utilização do Gerenciamento por Categorias?

O Gerenciamento por Categorias é, antes de qualquer coisa, um novo modo de funcionamento da empresa. Na França, é muito difícil colocá-lo em prática, ou pelo menos de maneira "formal", como a metodologia propõe e como funciona em muitos países: um processo contínuo da maneira foi estabelecido pelo líder mundial há alguns anos.

A culpa não é apenas dos varejistas, uma vez que os fornecedores, muito à vontade com a metodologia no outro lado do Atlântico, quer dizer do outro lado do canal da Mancha, não se prepararam muito para a França, onde as relações entre indústria e varejo tornaram a noção de parceria mais complicada.

É necessário então encontrar novos métodos para trabalhar, e o Gerenciamento por Categorias traz inúmeras respostas, tanto internas quanto externas, para as dificuldades encontradas.

A maior dificuldade encontrada hoje pelos varejistas reside na relação entre a matriz e as lojas. A França inventou o hipermercado sobre a famosa noção de "cargo completo" (aquele que compra é aquele que vende). Isto feito, durante décadas os gerentes de setor e os diretores de loja decidiam para as suas lojas (esse fenômeno é ainda muito forte dentro das três grandes redes de independentes onde o Gerenciamento por Categorias não poderá provavelmente funcionar da mesma forma que as redes "centralizadas"). Não é mais possível hoje.

Existem então grandes oportunidades para aqueles que conseguirem implementar. Como se preparar então?

A melhor forma é, primeiramente, estabelecer uma organização adaptada, com responsabilidades claramente definidas: as lojas são responsáveis pela qualidade da implementação, a partir das decisões tomadas na matriz, e a matriz é responsável pela qualidade dos conceitos e da mercadoria (sortimento, margem, etc.).

A qualidade do trabalho operacional reside então em sua capacidade de multiplicar da melhor maneira possível os conceitos elaborados na matriz. Não podemos nos enganar, a estrutura organizacional das lojas não tem mais nada a ver com o que existiu há vinte anos, e estas de hoje têm muito a fazer para manter suas lojas em bom estado. Isto dito, a ideia de que as pessoas de loja têm os recursos para fazer o trabalho conceitual e de mercadoria não existe.

Portanto, é necessário gerenciar muito bem qual a responsabilidade de cada um. A partir do momento onde o sortimento e o *pricing* foram decididos pela matriz, as lojas não podem ter a responsabilidade pela margem. Por outro lado, elas têm a responsabilidade pela margem da demarcação.

Ao mesmo tempo, é necessário valorizar o papel de operações, para que o Gerenciamento por Categorias dê bons resultados. Para isso, é importante que ele participe e escute cada vez mais, cada vez melhor, as opiniões de operações. São eles que estão mais próximos dos clientes, logo o que eles dizem é muito importante. É necessário considerar este ponto.

O Gerenciamento por Categorias permite colocar o cliente no coração das preocupações e permite dividir a responsabilidade dos resultados entre matriz e loja.

Dito de uma forma muito simples, preparar minha empresa para o Gerenciamento por Categorias é explicar de forma clara quem faz o que e quem é responsável pelo que nessa nova forma de trabalhar. Parece muito fácil! Entretanto...

Jean Duboc
Evolution Consulting

Parte II

A metodologia passo a passo

O Gerenciamento por Categorias legitima o fato que todos os envolvidos nesse processo ganharão com a metodologia: indústria, varejo e o *shopper*.

Nós podemos dizer que é um processo *win-win-win*.

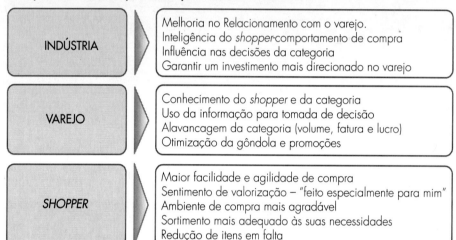

A metodologia Gerenciamento por Categorias é composta de 8 passos:

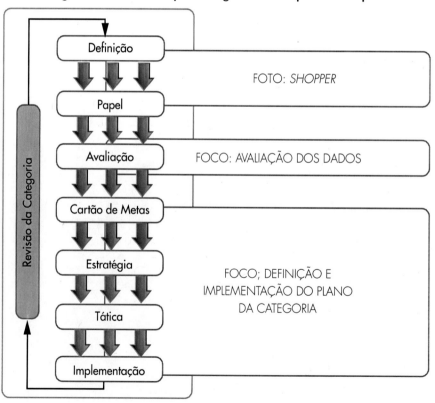

Passo 1 ■
Definição da categoria

Objetivo

Definir os tipos de produtos que compõem uma categoria, como também, a forma de segmentar as subcategorias. Ao final desta etapa, você deverá ser capaz de exprimir em uma frase simples esta definição, levando em conta o ponto de vista do *shopper*.

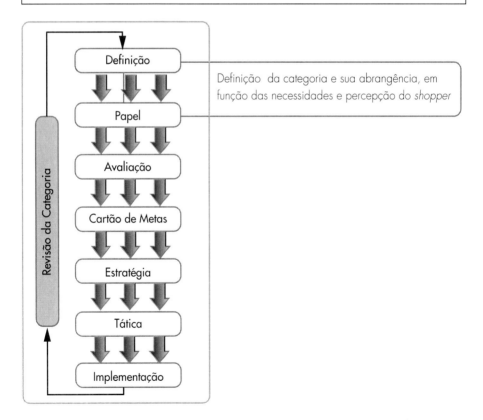

Os fornecedores realizam pesquisas com os *shoppers* para compreender sua percepção da categoria. Eles utilizam todos esses dados e nós iremos estudá-los.

Os Institutos de Pesquisa ou os fornecedores raramente conseguem exprimir em uma frase a definição da categoria, da forma como ela foi concebida na metodologia, a fim de que possamos visualizar claramente o que os *shoppers* esperam dela. Habitualmente, os fornecedores a definem por sua função e uso dos produtos que a compõem. É mais uma visão da indústria do que do *shopper*.

"Uma categoria é um grupo distinto e gerenciável de produtos e/ou serviços complementares e substituíveis que respondem, de acordo com o ponto de vista do shopper, a uma necessidade de consumo." (TPG)

Este primeiro passo, vai nos permitir conhecer nosso cliente, ou seja, o *shopper*. Para conhecê-lo, é necessário fazer pesquisa com os *shoppers* através de institutos especializados, como vimos no capítulo 3 deste livro.

Vamos dividir a definição da categoria em três partes:

- **As necessidades do *shopper*:** trata-se de saber quais são suas expectativas e a que tipo de necessidade do *shopper* a categoria responde. O conhecimento das necessidades do *shopper* vai nos ajudar a construir uma parte da definição da categoria.

- **Abrangência:** trata-se de conhecer os produtos e os segmentos que compõem uma categoria do ponto de vista do *shopper*. A abrangência vai nos ajudar a completar a definição da categoria. Esses dados vão nos dar a possibilidade de determinar o tamanho da oferta, os produtos complementares e os produtos de substituição. São soluções completas (ver no capítulo 4 o conceito de "solução").

- **Árvore de Decisão e segmentação:** ela nos permite conhecer os critérios de compra do *shopper* e como ele os hierarquiza. A árvore de decisão do *shopper* vai nos ajudar a construir a segmentação e a proposta do merchandising (layout dos módulos da categoria). É um elemento indispensável para entender a "chave de entrada" do *shopper* (a marca, formato, sabor, fragrância, etc.).

Queremos saber tudo de nosso *shopper*:

– O que ele compra?

– Quando?

– Como (planejada, impulso...)?

– Onde (loja de proximidade, supermercado, hipermercado, discount, Internet...)?

– Por quê?

– Quais são suas preferências (categoria, loja...)?

As necessidades do *shopper*

Para poder construir a definição da categoria é fundamental identificar quais são as necessidades que o *shopper* quer satisfazer com a categoria. Neste passo, queremos então responder a seguinte questão: a qual necessidade principal a categoria responde? Escolhemos uma categoria que vai nos acompanhar durante o desenrolar da metodologia porque acredito que ficar mais fácil entender a teoria quando visualizamos através de exemplos concretos. A categoria que escolhemos e que vai nos acompanhar ao longo dos oito passos é a de refrigerantes. Mais conhecida pelos profissionais como "soft drinks", ela pertence ao conjunto de categorias que compõem as "bebidas sem álcool".

A quais necessidades a categoria "soft drinks" responde? Refrescar, sede, prazer, saúde, diversão, bem-estar ou hidratar.

Quais produtos oferecem uma resposta similar, e que poderão então substituir os produtos desta categoria? Quais são os produtos complementares em termos de uso e momento de consumo?

Então, a categoria "soft drinks", que pertence ao grupo de produtos "bebidas sem álcool", pode ser definida desta forma: **"Conjunto de bebidas sem álcool que refresca, hidrata, dá energia e prazer"** (Evolution Consulting, validado por Coca-Cola).

Os produtos substituíveis são aqueles que respondem a uma mesma necessidade de consumo. Por exemplo, se tenho sede, posso matá-la com água, refrigerante, chá gelado, etc.

A abrangência

A abrangência vai nos ajudar a completar a definição da categoria, e vai permitir definir tanto o tamanho do sortimento (subcategorias) quanto detectar as oportunidades da criação de uma nova solução, pelo conhecimento dos produtos substituíveis e complementares da categoria.

Por exemplo, para a categoria que escolhemos, os *shoppers* declararam que a abrangência da categoria "bebidas sem álcool" era:

- Refrigerante
- Água
- Chá Gelado
- Sucos
- Energéticos

Fonte: Coca Cola

(Informação disponível também na parte prática chamada "Fichas de identidade das categorias" na segunda parte deste livro).

Ao observar as Fichas de Identidade das categorias deste livro, atentei ao fato que existiam outras categorias com necessidades similares e, portanto, substituíveis, com os mesmos produtos complementares.

Como podemos ver abaixo, na tabela de síntese, os shoppers integram como produtos complementares: snacks, pizzas, sanduíches e pão industrializado, também para outras categorias.

Se você quiser validar esta sugestão, proponho analisar os seus dados *shoppers* e revisitar sua ferramenta CRM, além de verificar a sinergia entre as categorias. Que tipo de produtos compram também os *shoppers* de refrigerantes? O que está dentro de seu carrinho de compras? Essa ferramenta pode também nos dar dicas a seguir para a construção de uma solução.

A Metodologia Passo a Passo **105**

CATEGORIA	DADOS DE MERCADO	NECESSIDADE	SUBSTITUÍVEIS	COMPLEMENTARES
Água sem gás	95% dos *shoppers* compram água pelo menos uma vez no ano	Hidratação	Água da torneira, refrigerante light e suco de fruta	Xarope, vinho e álcool forte
Água Gasosa	Crescimento de 6,9% em volume	Prazer, refrescar	Água de torneira, refrigerante light e suco de fruta	Xarope, vinho e álcool forte
Refrigerante	Primeira categoria do PGC+FLS em 2009 Crescimento de 8,7% em valor e 8,3% em volume em 2009 (Nielsen) Categoria de impulso onde a teatralização e animação são fundamentais	Prazer, refrescar, energia e hidratar	Água	Snacking, pizza, sanduíche e indústria de panificação
Suco de Fruta	Progressão de 6,7% em valor para suco de fruta e de 1% para águas. O suco de fruta é uma categoria estratégica para os varejistas, com uma frequência de compra alta. Desenvolver a multi-compra deve ser uma prioridade.	Saúde e aperitivo	Água	
Cerveja	A segunda categoria mais importante da líquida depois de água. Os clientes que compram cerveja têm um ticket médio de compra do total PGC duas vezes superior dos clientes que não compram cerveja.	Refrescar, degustação, festa, estar com amigos	Outras categorias líquidas, aperitivo	Snacking e biscoitos

Estabelecer uma solução

Após os resultados da pesquisa com o *shopper* proponho *a criação de uma nova solução*: "Momento de Prazer". Esta solução vai integrar todos os produtos que aparecem como substituíveis e complementares da categoria "refrigerante". Você pode mudar o nome desta solução, caso desejar, ou até mesmo criar uma outra.

Quais são as categorias desta solução? Xarope de frutas, *snacking*, água com e sem gás, xarope concentrado, suco de frutas, refrigerante e cerveja. Para aqueles que querem aproveitar desta ideia podem ir mais além. É possível também introduzir: suco de frutas fresco, pizza, queijo aperitivo, tomate cereja e sanduíche. Neste caso, é necessário prever um móvel (equipamento) refrigerado.

O layout

Abaixo, você encontrará duas propostas possíveis de layout:

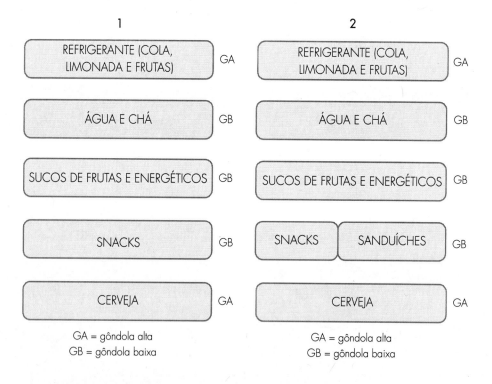

Os objetivos da solução "momento de prazer"

- Atrair os clientes estratégicos do varejista: família com crianças;
- Favorecer e venda cruzada de produtos complementares: *snacking*, sanduíche, pães industrializados e pizza;
- Estimular a venda de impulso;
- Aumentar o ticket médio;

- Desenvolver um ambiente agradável, divertido e inovador;
- Quebrar a monotonia de compra, descobrir o sortimento;
- Aumentar o tráfego em algumas categorias além da frequência de compra em outras;
- Seduzir o *shopper* através de um ambiente simpático, conveniente, simples e atraente, com uma sinalização desenvolvida para uma melhor navegação.

Observação: para os produtos refrigerados como sanduíches, pizzas, tomates cereja e queijo aperitivo, podemos imaginar uma dupla exposição (local tradicional + "solução").

A árvore de decisão

A árvore de decisão vai nos dar suporte e auxiliar a construir a segmentação da categoria do ponto de vista *shopper,* atualizar no sistema e propor o merchandising adequado (planograma). A árvore de decisão (ou como o *shopper* estrutura seu processo de compra) é também conhecida como "chave de entrada" e faz parte da pesquisa com o *shopper.*

Os objetivos da pesquisa com o shopper

- Identificar as chaves de entrada ou critérios de compra do *shopper* da categoria;
- Hierarquizar seus critérios de escolha;
- Construir a árvore de decisão de compra do *shopper* e a segmentação da categoria;
- Identificar os produtos que pertencem a cada segmentação da categoria;
- Colocar os produtos dentro da nova segmentação.

Os critérios para analisar o processo de compra

- o utilizador ou destinatário do produto: mulher, homem, criança, etc.;
- a situação e o momento da utilização: café da manhã, fora de casa, presente, etc.;
- os benefícios esperados: praticidade, saúde, status;
- os outros critérios de compra: preço, marca, embalagem, paladar, etc. Esses critérios podem variar em função da categoria de produtos, região, sexo ou idade do *shopper.*

A hierarquia dos critérios de decisão ou a razão de compra do shopper *da categoria*

Proponho utilizar classificação elaborada pela TPG (exemplo produtos para animais domésticos):

A árvore de decisão da categoria refrigerantes

Segunda a pesquisa com o *shopper* realizada pela Coca-Cola, a árvore de decisão da categoria "refrigerantes" é a seguinte:

- Marca
- Sabor
- Tipo de produto

Fonte: Coca Cola

A árvore de decisão vai nos ajudar muito no merchandising. Quando a categoria é exposta de acordo com a árvore de decisão do *shopper*, ela se torna mais fácil de entender, e por consequência, mais agradável. Por quê? Porque o *shopper* não perde seu tempo procurando seu produto na gôndola, irá encontrá-lo mais facilmente uma vez que foi ele mesmo quem disse como a gôndola deveria estar organizada.

Quando temos um bom sortimento – o que não quer dizer o maior sortimento possível, mas aquele que corresponde às necessidades do *shopper* – acompanhado de um bom merchandising, as vendas aumentarão com esse sortimento menor que responde melhor às suas expectativas.

É bom manter na cabeça este objetivo, simplificar o sortimento, melhor implantar para vender mais, melhorar sua rentabilidade e satisfazer seus clientes.

Como você pode ver, a qualidade da pesquisa com o *shopper* é fundamental, uma vez que ela vai nos permitir construir a árvore de decisão. Ela deve, então, reproduzir o mais fielmente possível a realidade.

Já me ocorreu de ver a mesma categoria com duas árvores de decisão de compras diferentes. Por quê? Provavelmente porque o questionário não foi bem elaborado, o que gerou um viés nas respostas. Em consequência, os resultados foram diferentes com uma pesquisa dizendo que a árvore começava pela marca e outra pelo tipo de produto (light, normal, etc.). Quando isso acontece, é possível que a pesquisa tenha sido mal aplicada, e na maioria dos casos foi a má escolha do instituto, que talvez não tenha a experiência necessária para conduzir esse tipo de pesquisa *shopper*. A maioria dos institutos tem o hábito de fazer pesquisa com o "consumidor". É lamentável que o Institut Sense Envirosell não esteja presente na França.

Atenção

Quando a árvore de decisão não parece lógica, deve-se buscar entender o porquê. Verificar as questões que foram feitas e como foram elaboradas, bem como a forma com que os resultados foram analisados. Se for uma categoria muito importante, pode-se imaginar em refazer a pesquisa, porém enquanto isso não ocorre, utiliza-se uma árvore de decisão provisória que parece melhor responder às necessidades do *shopper* e aos seus critérios de compra. Em todo caso, de qualquer forma, deve-se refazer a pesquisa com o *shopper* a cada três anos.

A cada pesquisa com o *shopper* realizada especificamente para uma rede de varejo, recomendo a validação do questionário ANTES da sua aplicação pela equipe do marketing do varejista em questão. Outra solução seria testar as duas árvores e medir os resultados em uma loja teste e outra espelho. E desta forma teremos a certeza de tomar a decisão correta para o nosso *shopper*.

Se a categoria não tiver produtos novos significativos ou ícones, então não encontraremos grandes mudanças no comportamento de compra de uma pesquisa para outra.

Por outro lado, se existe um produto inovador, a árvore de decisão pode mudar completamente. Os produtos ícones têm, algumas vezes, um poder que vai mudar a árvore de decisão e gerar mudanças significativas. Tenha como exemplo, o iPod ou o iogurte Activia. Uma pesquisa atualizada é então indispensável para entender os novos critérios de compra do *shopper*. No caso dos exemplos mencionados, seria alarmante que os fornecedores não estivessem preocupados e que não tenham realizado uma nova pesquisa com os *shoppers* nessa ocasião.

■ A SEGMENTAÇÃO DA CATEGORIA

Os pontos de atenção são os mesmos quando falamos de segmentação da categoria e é necessário assegurar-se que:

– As pesquisas foram bem elaboradas;
– Foram analisadas corretamente, com objetividade;
– Foram atualizadas regularmente ou a cada vez que houve uma mudança importante.

Para continuar com nosso exemplo de refrigerantes, efetuamos a seguinte segmentação a partir das informações que dispomos:

A decisão sobre o número de segmentação que faremos será, com certeza, em função da capacidade do sistema de cada um, mas também em função da complexidade da categoria. A complexidade é o contrário da boa resposta que poderíamos dar a nossos clientes.

A maioria dos sistemas que conheço tem quatro espaços para segmentar uma categoria. Se nos faltam possibilidades "técnicas", neste caso eliminaremos a última segmentação para privilegiar a árvore de decisão "decidida" pelo *shopper* no momento da pesquisa.

Uma vez que a segmentação foi claramente definida, faremos então a atualização no sistema da nova nomenclatura (estrutura de mercadoria), identificando os produtos do sortimento para as diferentes subcategorias ou subsegmentos, colocando-os no lugar correto.

Atenção

Isto toma muito tempo e é complexo. É por essa razão que a equipe do projeto deve ter contatos frequentes com os responsáveis de TI. Não esquecer que é necessário conservar o histórico para medir a evolução dos resultados. Colocar os produtos em uma nova segmentação é muito mais complexo do que criar um novo produto. Meu conselho: **antecipar-se!** É muito difícil para o pessoal de TI fazer isso durante o ano ou a prestação. É melhor antecipar e programar as mudanças para primeiro de janeiro ou primeiro de julho para se ter períodos bem identificáveis e fáceis de gerenciar este tipo de mudança.

Passo 2 ■
Papel da categoria

> **Objetivo**
>
> Avaliar a importância da categoria para o negócio do varejo e definir a alocação de recursos entre as categorias.

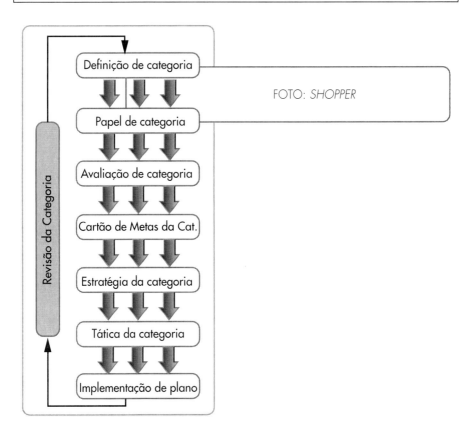

FOTO: *SHOPPER*

Este passo não é muito utilizado pelos fornecedores na França. Encontrei muitos até que nem sabiam do que se tratava e, portanto, não conheciam os quatro diferentes papéis propostos pela metodologia.

114 Guia de Gerenciamento por Categorias

Por que este passo não existe na França? A razão é muito simples: como o varejista não divide sua estratégia com seus fornecedores, estes não podem, evidentemente, fazer uma recomendação. Os fornecedores se adaptaram a essa realidade e, por consequência, este passo verdadeiramente não existe na França.

Este passo é fundamental, uma vez que ele determina a importância estratégica da categoria para o varejista. O papel de cada categoria deve estar presente e formalizado no Planejamento Estratégico de longo prazo (3 a 4 anos), e deve fazer parte do cotidiano de uma empresa de varejo.

No Walmart, por exemplo, eles têm ciência de quais são suas categorias destino, rotina, conveniência e sazonal, de maneira concreta e formal. Isto faz parte do seu dia a dia, e permite tomar as melhores decisões, ou seja, aquelas que estão em acordo com seus objetivos. No Extra, Brasil (Grupo Casino) também, uma compradora afirmou: *"Eu tomo muito cuidado com essa categoria porque ela é muito importante para o Extra... É uma categoria destino".*

Definição do papel da categoria

É a ambição estratégica, ou seja, o papel que o varejo vai dar para cada categoria.

Existem quatro papéis para uma categoria:

– Destino;

– Rotina;

– Sazonal ou ocasional;

– Conveniência.

■ PAPEL "DESTINO"

Destino

Categorias que definem o varejista como a loja claramente preferida pelo fornecimento de valor consistente e superior ao *shopper*-alvo.

O papel de uma categoria de **destino** é:

» ser o **único** fornecedor destes produtos para o *shopper*-alvo;

A Metodologia Passo a Passo

» ajudar a **definir** a imagem que o *shopper*-alvo tem do varejista;
» porporcionar valor superior ao *shopper*-alvo de maneira consistente;
» liderar todas as categorias (do varejista) nas áreas de vendas, participação de mercado, satisfação do *shopper*, nível de serviços e gerenciamento das despesas operacionais;
» servir de elemento de ligação na parceria estratégica fornecedor-varejista;
» liderar o desenvolvimento dos recursos humanos, dos sistemas e tecnológico do varejista com vistas ao cumprimento das estratégias, metas e missão corporativas.

O princípio é o seguinte: "quando penso em uma determinada categoria, lembro-me de uma determinada rede de varejo. Se vou comprar produtos dessa categoria, seguramente irei comprar nesta rede de varejo".

É a categoria pela qual o varejista vai se diferenciar em relação a seus concorrentes. Esse papel representa de 5 a 7% das categorias. Não é possível ter muito mais do que isso, caso contrário, todas as categorias seriam "destino". As categorias de diferenciação não podem ser numerosas, uma vez que demandam atenção particular.

A Target, nos Estados Unidos, trabalha a confecção feminina de maneira muito desenvolvida do ponto de vista de *"visual merchandising"*. É evidente que, para eles, o papel dessa categoria é destino, uma vez que, através dela tentam se diferenciar. Eles fazem parcerias com estilistas *"fashion"*, como Jean-Paul Gaultier, que desenvolve produtos específicos para a rede, e também parcerias com marcas de moda como a New Look.

Target, Nova York, USA

116 Guia de Gerenciamento por Categorias

Outro exemplo: a Edeka, na Alemanha com a categoria "cerveja":

Edeka, Berlin, Allemagne

Inúmeras opções de cerveja no sortimento e também refrigeradas como no exemplo abaixo:

Edeka, Berlim, Alemanha

Vejam a categoria "rotisserie" no El Corte Ingles na Espanha:

El Corte Ingles, Barcelona, Espanha

El Corte Ingles, Barcelona, Espanha

Quando perguntei onde poderia encontrar o presunto Pata Negra em Barcelona, todas as pessoas às quais perguntei me indicaram El Corte Ingles. Essa grande loja de departamento construiu uma imagem de referência para essa categoria, ou seja, é uma categoria destino para a empresa e, portanto, oferece uma verdadeira diferenciação.

■ PAPEL "ROTINA"

> ## Rotina/ Preferencial
>
> Categorias que determinam o varejista como loja preferida pelo fornecimento de valor consistente e *competitivo* no atendimento das necessidades de rotina/estocagem do *shopper*.

O papel de uma categoria de **rotina** (chamada por alguns de "Preferencial") é:

» Ser o **principal** fornecedor destes produtos para o *shopper*-alvo;

» Ajudar a construir a imagem do varejista perante o *shopper*-alvo;

» Proporcionar valor consistente e competitivo ao *shopper*-alvo;

» Apresentar resultados equilibrados em todas as áreas do cartão de metas;

» Servir de elemento de ligação na parceria fornecedor/varejista;

» Desempenhar papel primordial na obtenção de lucro, fluxo de caixa e Retorno sobre Ativos.

É a maioria das categorias e o papel da categoria "rotina" representa mais ou menos de 55 a 60% das categorias. Encontraremos aqui as principais categorias de uma loja: café, açúcar, óleo de oliva, sopas, etc.

Exemplo da categoria "sopas". Edeka, Berlim, Alemanha

■ PAPEL "OCASIONAL" OU "SAZONAL"

> **Ocasional/ Sazonal** — Categorias que reforçam a imagem do varejista como loja preferida pelo fornecimento de valor competitivo e oportuno ao *shopper*-alvo.

O papel de uma categoria **ocasional** (ou Ocasional/Sazonal) é:

» Ser um **importante** fornecedor destes produtos para o *shopper*-alvo;

» Ajudar a reforçar a imagem do varejista perante o *shopper*-alvo;

» Proporcionar valor competitivo e oportuno ao *shopper*-alvo;

» Desempenhar um papel secundário na obtenção de lucro, fluxo de caixa e retorno sobre ativos.

São as categorias em que o varejista quer ser referência em um momento pontual ou por um período sazonal. Esse papel "ocasional ou sazonal" corresponde a algo entre 15 e 20% das categorias.

Por exemplo, produtos de Natal, verão, inverno, Páscoa, festas religiosas, dia das mães, dia dos pais, etc.

O Extra, no Brasil, quer ser uma referência na Páscoa e, além do sortimento, a rede faz uma teatralização formidável para a exposição de seus produtos, de forma bem agressiva e extremamente vendedora. Esses produtos são exclusivamente sazonais (ovos de Páscoa).

Extra, Osasco, Brasil

■ PAPEL "CONVENIÊNCIA"

> Conveniência Categorias que reforçam a imagem do varejista como de "Full Service" (Serviço Completo) pelo fornecimento do valor adequado ao *shopper*-alvo no atendimento de suas necessidades de reposição e/ou não planejadas.

O papel de uma categoria de **Conveniência** é:

» Ajudar a reforçar a imagem do varejista como uma loja de "one-stop shopping" perante o *shopper*-alvo;

» Proporcionar valor adequado ao *shopper*-alvo todos os dias;

» Desempenhar um papel importante nas áreas de geração de lucro e melhoria de margem.

São categorias sem grande importância em vendas, mas que oferecem um serviço ao cliente e passam uma imagem da rede como uma loja completa. São também categorias complementares em relação às categorias principais e, portanto, têm uma função de ajuda na compra para as categorias mais importantes. Por exemplo, condimentos frescos, embalagens para presente, acessórios têxteis, armarinhos, flores, etc. Encontraremos aqui entre 15 e 20% das categorias.

■ COMO ESCOLHER O PAPEL DA CATEGORIA?

O papel das categorias "destino" está diretamente ligado à estratégia da rede. Logo, é a estratégia do varejista que irá determinar quais serão as categorias "destino". Em seguida, cada direção de mercadorias vai determinar com sua equipe o papel das outras categorias.

Para definir o papel de uma categoria, é necessário iniciar com uma análise quantitativa, que vai nos permitir saber qual é o papel atual da categoria dentro de um determinado varejista, mesmo que essa classificação sirva para nos mostrar a situação atual e nos ajudar a tomar a correta decisão em relação ao futuro.

Para avaliar a importância de uma categoria, é preciso avaliar a importância de cada categoria para o *shopper*.

Papel da categoria

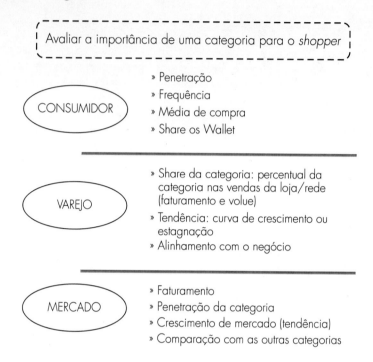

Uma categoria que tem:

– Uma forte penetração,

– Alta frequência de compra,

– Uma participação importante na loja,

– Uma boa tendência de crescimento no mercado será provavelmente uma categoria destino.

Para estudar adequadamente a parte quantitativa, a fim de permitir o conhecimento do papel atual, proponho duas análises:

Análise por multicategoria

Ela nos ajudará a analisar o potencial de vendas e de rentabilidade das categorias do varejista e a definir o papel ideal para cada uma delas:

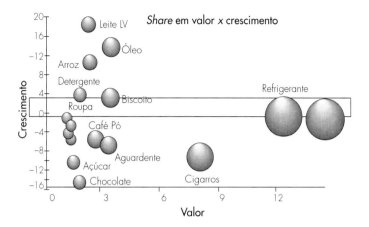

Análise por meio de dados do shopper

Você também deve, quando possível, utilizar os dados do *shopper* da ferramenta CRM da rede, se estes estiverem disponíveis (frequência de compra, penetração, etc.):

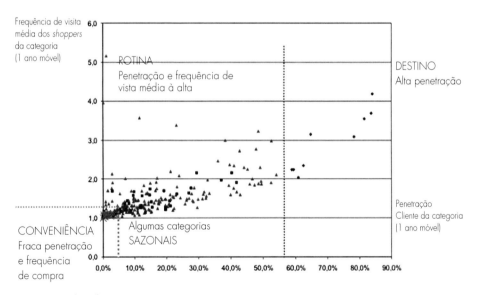

Fonte: Dunnhumby.

Com estes dois gráficos, você vai obter o papel atual de cada categoria no varejista. Resta apenas decidir o que o varejista deseja manter como papel e quais categorias ele deseja modificar, ou seja, definir a importância de cada uma.

■ A MUDANÇA DO PAPEL DA CATEGORIA

Para mudar uma categoria de seu papel atual, é importante ter em mente que investimentos serão feitos. Para mudar o papel de uma categoria rotina para destino, é necessário revisar o sortimento, repensar o merchandising, validar os níveis de serviço que serão oferecidos, refazer a comunicação visual, decidir um novo *pricing*. Quando tomo a decisão de classificar uma categoria como destino, isso significa que ela tem uma grande importância estratégica para meus fornecedores nessa categoria. Se há, por exemplo, um lançamento de produto nessa categoria, ele irá imediatamente pensar em mim para introduzir seu novo produto. Logo, vou me diferenciar em relação ao meu *shopper*, mas também ser uma referência para meu fornecedor.

Com certeza, o papel da categoria não é o mesmo para todos os varejistas ou outros canais de varejo. Tintas, por exemplo, é "conveniência" em um hipermercado, mas "destino" em uma loja especializada como a Leroy Merlin ou a Castorama. Detergente em pó pode desempenhar o papel de rotina em um hipermercado e ser conveniência em uma loja de proximidade (convenience *store*).

Tudo está ligado à estratégia da empresa e seu formato.

Seguindo no nosso exemplo da categoria "soft drinks", escolhi mudar de "rotina" para "destino". Para essa mudança, farei investimentos. Iniciei estabelecendo uma nova solução: "momento de prazer".

| PAPEL ATUAL | Rotina |
| PAPEL FOCO | Destino |

Opinião Profissional: a importância estratégica da escolha do papel da categoria (1)

O papel da categoria é determinante para os varejistas, assim como para os fornecedores, uma vez que as estratégias *catman* que serão desencadeadas a partir dessa decisão estão intimamente ligadas. A categoria não tem outro papel senão este que atribuímos! Uma mesma categoria pode ter papéis diferentes em cada varejista.

Assim como o orgânico entrou nas categorias como "destino" nos últimos anos. Hoje cada varejista tenta se distinguir da concorrência de todas as maneiras possíveis: comunicação massiva, implantação do conceito "loja dentro da loja", agressividade em preços, promoção pesada, engajamento da rede, etc. Essa decisão estratégica implica em decisões importantes a serem tomadas (equipe dedicada, loja piloto, nova comunicação visual, trabalho bem aprofundado do sortimento, aprendizado do universo destes produtos de forma bem específica), assim como por parte dos fornecedores (conhecimento especializado dos produtos, do *shopper* e do mercado, além de uma estrutura adequada para responder com eficiência às solicitações). Esse trabalho muitas vezes é denso, pois toma tempo, porém garantirá uma relação ganha-ganha entre os parceiros.

Romain Huber
Diretor do Gerenciamento por Categorias da Distriborg

Opinião Profissional: a importância estratégica da escolha do papel da categoria (2)

O departamento "Casa" é constituído por uma pluralidade de categorias – descartáveis, mesa, produtos de impulso, produtos sazonais – muito diferentes umas das outras, categorias onde as marcas nacionais são muito importantes e o inverso também ocorre: categorias definidas inteiramente pelo varejista, do sortimento à embalagem. É indispensável entender o papel de cada categoria.

O objetivo é triplo:

Responder às necessidades dos *shoppers* dando a cada categoria seu papel mais adequado e sua execução operacional na loja, que é onde nossos produtos encontram nossos clientes;

Saber internamente quais são as reais prioridades, com o objetivo de alocar os recursos nas categorias que o varejista quer desenvolver ou alavancar, concentrar esforços nas categorias que irão nos permitir se diferenciar e criar uma preferência em nossos clientes;

Apoiar-se em bons parceiros, que são em sua maioria os fornecedores das categorias sobre as quais o varejista quer continuar ou vir a ser "destino". Para ilustrar, no universo Casa, o objetivo do varejista poderia ser, por exemplo, o de querer se diferenciar em tudo que diz respeito à cozinha. Ele daria, então, para as categorias que servem para cozinhar (panelas, frigideiras, etc.) – assim como os pequenos eletrodomésticos de cozinha (mixer, cafeteira, etc.) – o papel de "destino". Apoiando-se na expertise de fornecedores chave, o varejista trabalharia para o crescimento destas categorias, e faria isso através de uma otimização onde o mix marketing (sortimento, preço, merchandising, promoção) e serviços (informação no ponto de venda, conselhos, ponto de informação, vendedores, etc.), auxiliariam a tornar essa loja a preferida dos *shoppers*, que iriam então, realizar suas compras especificamente nas lojas desse varejista.

Amandine de Souza
Diretora das categorias "Casa" do Grupo Casino

Passo 3 ■
Avaliação da categoria

---- Objetivo ----

Identificar os gaps entre o varejo e o mercado.

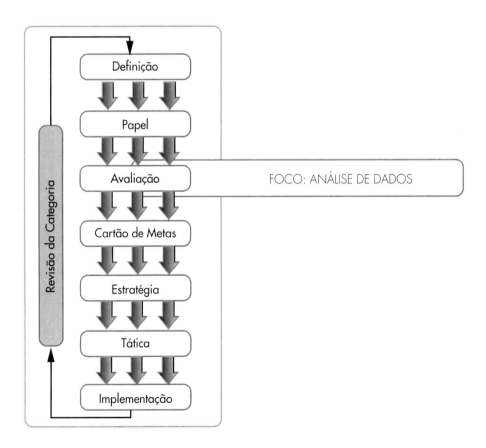

Neste passo, vamos analisar a categoria e os componentes que a constituem (suas subcategorias, marcas, etc.), e compará-las com o mercado.

■ UMA ETAPA IMPORTANTE PARA A INDÚSTRIA

Neste capítulo, me dirijo prioritariamente aos fornecedores, uma vez que é o capitão da categoria o responsável por esse trabalho, mesmo que ele vá dividi-lo com seu cliente, o varejo.

Faremos uma foto da nossa *performance* em relação ao mercado de acordo com o formato ao qual pertencemos. Verificaremos então qual é a *performance* da categoria e como ela está situada em relação ao mercado.

O benchmarking

O benchmarking vai nos permitir identificar os pontos fracos e as oportunidades da categoria, e então estabelecer as correções necessárias através de um plano tático para gerar o crescimento da categoria.

Quando a avaliação da categoria é bem feita, ela sempre nos conta uma história através dos números: uma história simples e lógica que mostra claramente onde estão as oportunidades de melhoria.

A apresentação da avaliação ao varejista

É um passo muito rico e ao mesmo tempo delicado. Todos os erros irão aparecer. O responsável do varejo pode então ter uma atitude defensiva e querer explicar a situação, ou seja, justificar as escolhas que foram feitas. A apresentação das análises e dos benchmarkings é muito importante e deverá ser cuidadosa, considerando o ponto de vista "político" e "psicológico".

Os dados

O lado positivo da avaliação consiste em analisar os dados, o que normalmente não deixa muito espaço para debates ou para discussões subjetivas. É totalmente embasado pelo lado racional dos números.

O responsável da categoria no varejo deve aceitar o "discurso dos números" e saber que não se trata de um julgamento pessoal sobre seu trabalho, ainda menos sobre a forma como ele gerencia sua categoria, mas ao contrário, uma base de dados objetiva que permite planejar ações de crescimento e melhoria dos resultados da categoria.

O papel do capitão da categoria

Outro ponto sensível é o rigor do capitão da categoria no tratamento dos dados. É o momento em que ele vai ganhar a confiança de *seu parceiro*, o varejista.

Vamos dar um exemplo hipotético de um fornecedor que tem uma gama de produtos *premium*, portanto mais caros. Se ele faz a avaliação da categoria levando em conta apenas a venda em valor da categoria, isso vai evidentemente favorecê-lo. Se ele "esquece" de fazer a mesma análise em volume, não está garantindo a imparcialidade que nós previmos no primeiro capítulo deste livro. A consequência pode ser uma perda de confiança por parte do varejista.

O varejista percebe muito bem que há algo "estranho" na análise: se você tenta manipular, ele não irá te perdoar. E no lugar de tratar o problema com você, ele vai acertar essa conta com o seu concorrente, e não te escutará mais. A transparência é a única regra de comportamento possível para se estabelecer uma parceria duradoura no Gerenciamento por Categorias.

Esteja atento a todos os detalhes da apresentação. É necessário:

– ter sempre os indicadores chave da categoria (venda em valor, venda em volume, evolução no longo e curto prazo);

– conhecer as VMS (vendas médias por semana, por formato, por loja) em volume e em valor;

– evitar colocar em evidência a sua marca em detrimento da marca do concorrente;

– respeitar os logos das marcas. Ou seja, o capitão da categoria deve lembrar-se sempre que ele representa a categoria, e não a sua marca. A avaliação começa sempre por uma visão macro, ou seja, mais global da categoria. Depois, pouco a pouco, entramos nos detalhes micro, cada vez de forma mais precisa.

■ MODELOS DE ANÁLISES

Proponho alguns modelos de análise que você poderá utilizar para esse trabalho. Bem entendido, esta lista está longe de ser exaustiva e você poderá adicionar outras análises com as informações que possui sobre o mercado da categoria. Você pode também utilizar todas as fontes que você dispõe para enriquecer a análise.

Os dados SymphonyIRI que utilizei não são os mais recentes (trata-se de uma revisão sobre o ano de 2009), o que não é um problema, uma vez que o objetivo é, antes de qualquer coisa, dar exemplos concretos de análise.

Classificaremos as análises em quatro partes:

- Análise do mercado;
- Análise das marcas;
- Análise de preços;
- Contribuição das vendas na rentabilidade.

Análise do mercado

Evolução das vendas em valor, dos preços e dos volumes

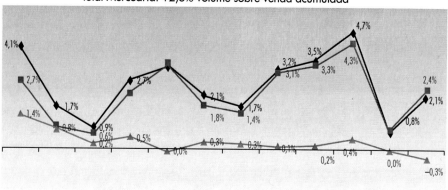

Fonte: Conjuntura PGC IRI – Dezembro 2009.

Evolução das vendas em valor, dos preços e dos volumes em HM + SM

O objetivo deste gráfico é mostrar a evolução dos preços e sua relação com o crescimento das vendas em volume e em valor.

Em nosso exemplo, a estabilização dos preços permitiu um crescimento de 2,4% em volume e 2,1% em valor em dezembro.

Evolução em valor dos setores – CAM (Acumulado Anual Móvel)

O objetivo aqui é mostrar a *performance* de cada setor da mercearia, também conhecida como PGC (Produtos de Grande Consumo), onde o crescimento em valor se estabeleceu a + 2,5% em 2009. Constatamos que a categoria Líquidos teve uma boa *performance*, principalmente cerveja e cidras.

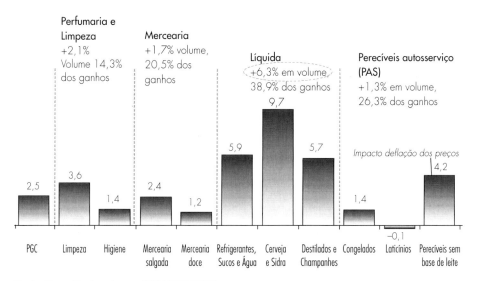

Fonte: Base Conjoncture – CAM P12 2009

Evolução em valor dos setores – CAM (Acumulado Ano Móvel)

Evolução em volume dos setores – CAM (Acumulado Ano Móvel)

O princípio é o mesmo do gráfico anterior, mas desta vez a evolução é sobre o volume em relação ao total PGC, que evolui a + 2% em unidades no ano de 2009.

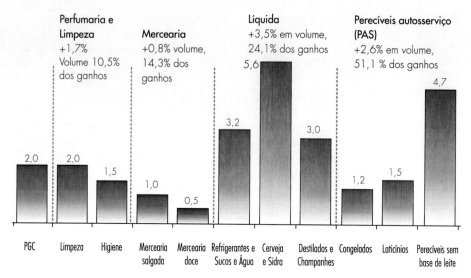

Fonte: Base Conjoncture – CAM P12 2009

Evolução em Unidades dos Setores – CAM (Acumulado Ano Móvel)

Sazonalidade das vendas por formato

Este gráfico ilustra a sazonalidade do crescimento anual dos quatro setores. No caso de Líquidos, a amplitude do crescimento é forte e os resultados do verão 2009 (forte evolução positiva nos meses mais importantes do ano) que explicam o dinamismo anual.

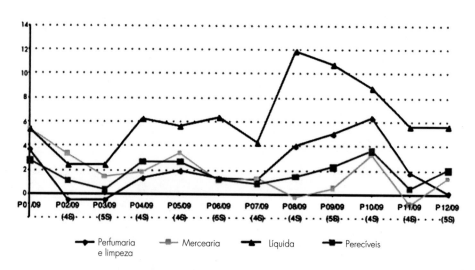

Evolução em Vendas dos setores (%) no período

Temperatura média durante o período forte da sazonalidade

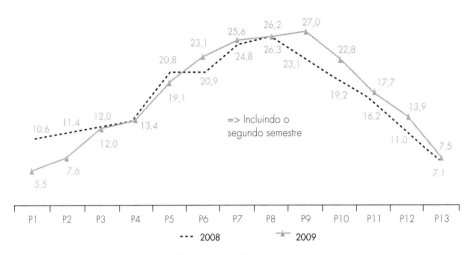

Temperatura média do período 2009 vs. 2008 (P1 à P13)

Contribuição para a evolução do setor líquidos por subcategoria: total França

No total, as bebidas refrescantes sem álcool (BRSA) e águas progrediram em + 5,9% em valor (euros) no ano 2009 na França (HM+SM). As colas e o suco de frutas trouxeram, cada um, mais ou menos 70 milhões de euros para o dinamismo do setor, levando em conta que águas aromatizadas e sem gás perderam vendas.

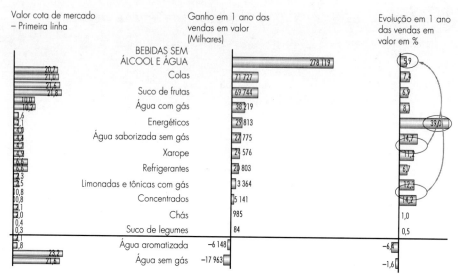

Contribuição na evolução – Total França

Contribuição de líquidos por subcategoria: total hiper

Adapte este dado ao seu formato.

As bebidas refrescantes sem álcool e águas evoluíram a + 6,4% em valor em HM e a + 5,2% em SM.

Os mercados que evoluíram mais em HM atraíram nossa atenção: colas, bebidas energéticas, águas aromatizadas.

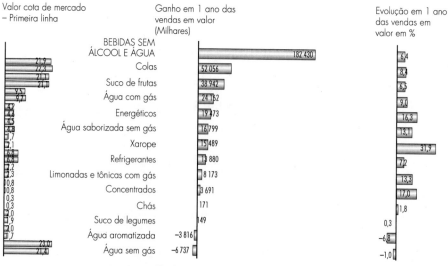

Contribuição para evolução – Hipers

Contribuição para a evolução por subcategoria e por rede varejista (hiper)

É necessário realizar a mesma análise demonstrada acima por rede varejista. Nosso exemplo foi construído no formato hipermercado. Agora é preciso mostrar a contribuição da evolução por rede e por subcategoria, com o mesmo tipo de gráfico:

- Se a evolução for diferente de seu formato (por exemplo, se a rede analisada teve uma melhor *performance* em relação aos seus concorrentes), isso significa que ela está ganhando participação de mercado;
- Se a evolução for pior em relação ao seu formato, isso quer dizer que ela perdeu participação de mercado comparado a seus concorrentes;
- Se você tem os dados por rede varejista, você saberá quem perdeu e quem ganhou participação de mercado.

Normalmente, o capitão da categoria possui essas informações, mas ele não pode dividi-las com seus clientes por questões de confidencialidade em relação aos demais clientes. Mas poderá, perfeitamente, retirar o nome de cada rede e identificar por letras.

Neste passo, começamos a encontrar os gaps e os indicadores que irão permitir evoluir a *performance* da categoria que iremos estudar.

Evolução do número de produtos por metro linear (hiper)

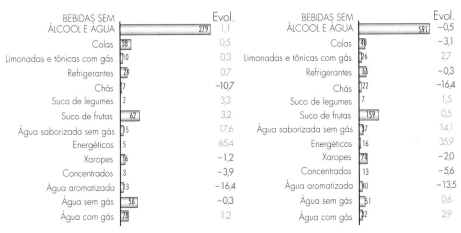

Fonte: Base Conjoncture – CAM P12 2009

Hipers

136 Guia de Gerenciamento por Categorias

É interessante notar que as subcategorias que menos progrediram são aquelas que reduziram o número de SKUs (*Stock-Keeping Unit*, equivalente de UGS, unidade de gestão de estoque, em francês) em metro linear. E a subcategoria "limonada", que progrediu bastante, aumentou em 2,7% o número de SKUs. Podemos concluir que uma das razões dessa progressão foi a introdução de produtos.

Evolução do número de produtos por metro linear (rede varejista)

Deve-se realizar exatamente a mesma análise para a rede varejista e cruzar essas informações para saber se a *performance* teve uma relação com o número de produtos introduzidos ou não.

Evolução da promoção "pesada" (hiper: ponta de gôndola, tabloides, ponta de gôndola + tabloide)

BEBIDAS SEM ÁLCOOL E ÁGUA	Valor	Evol.		BEBIDAS SEM ÁLCOOL E ÁGUA	Valor	Evol.
	35 217	1,2			17,0	2,0
Colas	7 423	1,4		Colas	23,3	-0,6
Limonadas e tônicas com gás	814	7,8		Limonadas e tônicas com gás	9,2	1,3
Refrigerantes	2 386	1,8		Refrigerantes	21,1	2,3
Chás	665	-4,6		Chás	10,4	0,3
Suco de legumes	122	3,0		Suco de legumes	2,5	0,9
Suco de frutas	7 871	3,1		Suco de frutas	16,5	2,5
Água saborizada sem gás	1 617	10,5		Água saborizada sem gás	21,4	2,8
Energéticos	746	26,8		Energéticos	12,3	-6,3
Xaropes	1 695	-7,5		Xaropes	4,3	-1,2
Concentrados	297	-11,2		Concentrados	12,6	-1,0
Água aromatizada	613	-11,5		Água aromatizada	3,6	-2,1
Água sem gás	7 556	-6,0		Água sem gás	16,1	4,0
Água com gás	3 422	3,6		Água com gás	14,6	3,9

Fonte: Base Conjoncture – CAM P12 2009

Hipers

As colas foram menos promocionadas. Por outro lado, as limonadas progrediram em 1,3 pontos e os refrigerantes e BAF (bebidas com frutas) gasosas em 2,3 pontos. A excelente *performance* das limonadas nos hipers não veio somente como resposta às promoções, uma vez que refrigerantes e BAFs gasosas foram muito mais promocionadas e não tiveram uma performance tão boa.

Análise das marcas

Contribuição para evolução por marca (total hiper + super)

As marcas que contribuíram para a boa *performance* da subcategoria BAFs (bebidas com frutas) gasosas foram Orangina e Schweppes.

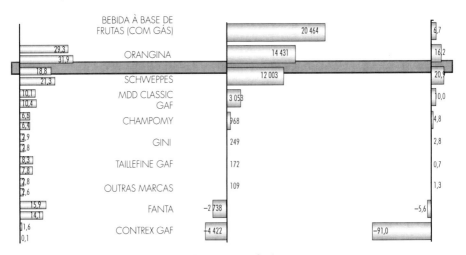

Contribuição para evolução – Total Hipers + Supers Census

Contribuição para evolução por marca (rede varejista)

Realizar o mesmo para cada subcategoria, por marca e por rede, e comparar com o mercado.

Análise e síntese dos gaps

A síntese deve indicar os gaps encontrados entre a rede e o circuito ao qual pertence (hiper, super, outros) e o mercado, para poder construir o plano de trabalho, realizar propostas e recomendações para garantir o crescimento da categoria. Já vi casos de redes que não tinham a segunda ou a terceira marca mais importante da categoria. E eles sabiam disso; por outro lado, não sabiam o quanto isso custava em termos de posicionamento e rentabilidade.

Atenção: varejistas

O responsável do sortimento no varejo deve se assegurar que as negociações não são sobrepostas aos interesses do *shopper*. O risco é de negligenciar certas categorias importantes a fim de obter ganhos no curto prazo, o que não é um bom cálculo para o longo prazo.

Análise de Preços

Esta análise deve comparar o preço médio do varejista com seus três concorrentes por subcategoria e por marca. O objetivo é conhecer o nível de competitividade da rede estudada em relação aos seus concorrentes. Com essas informações, é possível saber se a estratégia definida pela rede permite estar bem situada no quesito preço.

Análise de sortimento por faixa de preço por subcategoria

Isto permite, entre outras coisas, validar as curvas de preço e verificar se as faixas de preço têm o mesmo nível de preço do mercado, ou se existe algum gap.

Esta análise deve ser realizada pelo tipo de marca: Marca Nacional, Marca Própria e Primeiro Preço (MN, MP, PP). É possível que uma rede não tenha produtos para uma determinada faixa de preço. Pode ser uma falta de PP, de MP ou de MN específica.

Atenção

A profundidade da análise está diretamente ligada ao tipo de dados disponíveis. Por exemplo, as categorias não "auditadas" não podem ter o mesmo nível de análise que as categorias "auditadas". Logo, é necessário se adaptar e levar em conta o que está disponível. Mas deve-se evitar tomar decisões que não estejam embasadas por dados racionais

---

Contribuição das vendas e da rentabilidade

Este trabalho de benchmarking é de responsabilidade do varejo, uma vez que o capitão da categoria não terá acesso às informações de margens e rentabilidade de seu cliente.

Análise das vendas (volume e valor) e rentabilidade por tipo de marca e subcategoria em relação ao mercado

O objetivo é encontrar gaps de participação de mercado por marca, entre o mercado e a rede. (O exemplo abaixo foi realizado com números ilustrativos).

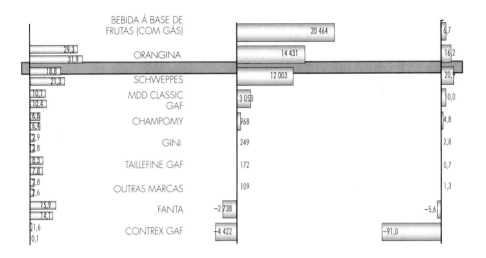

Podemos observar que a marca Orangina obteve uma *performance* em volume e em valor melhor que a do mercado. Por outro lado, a rentabilidade não acompanha a mesma evolução.

A marca Schweppes teve uma *performance* inferior ao mercado em volume e em valor na rede estudada. Sua contribuição para a rentabilidade, apesar de tudo, é interessante. Logo, é rentável investir nesta marca.

A marca Fanta teve uma *performance* melhor que a do mercado em volume. Entretanto pior em valor. Logo, deve-se prestar atenção à atividade promocional ou ao posicionamento de preços desta marca.

A cada avaliação, podemos tomar decisões que vão construir os próximos passos: o *scorecard* considerará tudo isso! Para a definição dos objetivos, para a tática, para a construção do sortimento, para o *pricing*, etc.

Deve-se fazer essa análise para cada subcategoria.

Atenção

Recomendo enriquecer as análises realizadas com todos os dados *shoppers* disponíveis através das ferramentas de CRM do varejista.

140 Guia de Gerenciamento por Categorias

Os pontos importantes deste capítulo

- como identificar os gaps de performance das categorias;
- como analisar as informações do mercado;
- como analisar a performance das marcas;
- por que analisar preços de venda;
- como medir os gaps de rentabilidade.

Passo 4
Scorecard

Objetivo

O *scorecard* permite formalizar os objetivos de crescimento da categoria, considerando os gaps identificados no passo 3 (três) da metodologia.

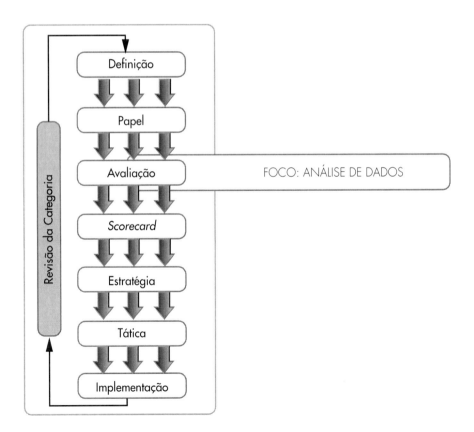

Chegar neste passo significa que já é conhecido seu posicionamento em relação ao mercado. É chegado então o momento de determinar suas ambições

142 Guia de Gerenciamento por Categorias

para a categoria. Essa previsão é ainda provisória, ou melhor, transitória, e irá ser validada no decorrer das análises. Iremos retrabalhar esse *scorecard* de maneira definitiva, quando tivermos todas as informações do passo "tática da categoria" que nos permitirão consagrar o que foi definido aqui.

Este passo consiste em definir os objetivos considerando:

- o *shopper* (penetração, frequência de compra e ticket médio);
- participação de mercado (interna e externa);
- as vendas por tipo de marca (oportunidades de melhoria do mix de marca);
- sortimento (consequência da análise do mix de marca);
- rentabilidade;
- fluxo da mercadoria.

O *scorecard* voltará a ser utilizado na última etapa, no momento da revisão da categoria.

Nesta etapa, serão preenchidas apenas as colunas A-1 e Budget. As outras colunas serão completadas apenas na última etapa Revisão.

■ OS TESTES EM LOJA

Para assegurar que o plano de negócio da categoria funcione bem, é necessário, em primeiro lugar, definir as lojas pilotos (também conhecidas como "lojas teste"). São as lojas onde se implementará o que foi decidido, para se fazer primeiramente um teste, o qual permitirá medir os resultados e ajudar a estabelecer o *scorecard.* As lojas espelho são as lojas que têm as mesmas características das lojas teste, e que servirão para comparar os resultados. É recomendável que existam várias, a fim de eliminar problemas pontuais, que podem ocorrer em apenas uma loja.

Sem resultados concretos dessa implementação, a multiplicação do conceito não será possível. O objetivo desta fase é, então, validar as decisões que foram tomadas no teste e comparadas com as lojas espelho, como também com o mercado. Uma vez que os resultados das lojas piloto foram satisfatórios, podemos então multiplicar para as outras lojas.

■ OS PARÂMETROS DO *SCORECARD*

Indicaremos abaixo os parâmetros e indicadores a serem seguidos neste passo. Você fará, em seguida, o *scorecard* com os dados de que dispõe.

O ponto de vista do *shopper*

Na primeira tabela, iremos medir os principais resultados, considerando o comportamento de compra do *shopper.*

1 – *SHOPPER*	A-1	A	A *vs.* A-1	BUDGET	BUDGET *vs.* A
Penetração					
Frequência					
Ticket Médio					
1A – *Shopper*	Antes (em %)		Depois (em %)		Evolução
Satisfação					

Esta parte qualitativa/quantitativa é muito importante, uma vez que ela nos permite saber se o trabalho realizado na loja trouxe satisfação aos clientes, que é o coração da metodologia.

- **Colunas** (estes critérios serão sempre os mesmo nas seis tabelas que veremos, a única exceção é o sortimento):
  - **A-1:** vendas do ano passado acumulado no período estudado (um ano móvel);
  - **A:** vendas acumuladas no período a ser estudado (um ano móvel);
  - **A *vs.* A-1:** evolução das vendas de um ano sobre o outro em percentual;
  - **Budget:** budget definido sobre um ano da categoria (um ano móvel);
  - **Budget *vs.* A:** medida da *performance* de um ano em percentual, que compara o que foi realizado no ano (A) com o que foi previsto.
- **Linhas:**
  - **Penetração:** quantidade de clientes que compraram na loja e que compraram essa categoria de produtos?
  - **Frequência de compra:** quantas vezes no ano um mesmo cliente comprou um produto da categoria?
  - **Ticket médio:** quanto gastou cada cliente na categoria em um ano?
  - **Satisfação:** o cliente está satisfeito com a categoria? Para saber, deve--se realizar uma pesquisa em loja com a ajuda de um pequeno, simples e rápido questionário para saber se ele está satisfeito com o sortimento, merchandising, localização da categoria em loja, etc. (Idealmente, deveria se fazer essa pesquisa *shopper* através de um instituto especializado.)

Market share

Depois de ter analisado a categoria sob o ponto de vista do *shopper*, faremos as mesmas análises para as participações, também chamada de "participação de mercado":

2 – *MARKET SHARE*	A-1	A	A *vs.* A-1	BUDGET	BUDGET *vs.* A
Categoria *vs.* Setor					
Setor *vs.* Departamento					
Categoria *vs.* Mercado					

A análise de participação de mercado permite dizer se conseguiremos desenvolver elementos de diferenciação e se o crescimento da nossa categoria é melhor que o crescimento de outras categorias. É também uma boa forma de medir o impacto de nossas decisões para nossos clientes.

- Participação da categoria no setor: venda da categoria comparada à venda do setor em percentual (exemplo: venda desodorante/venda perfumaria em %).

- Participação do setor no departamento: venda do setor comparada à venda do departamento em percentual (exemplo: venda perfumaria/venda DPH%).

- Participação da categoria no mercado: utilizar os dados Nielsen, IRI ou GFK que informam o *market share* por categoria.

Análise das vendas

Indispensável para medir os resultados da categoria:

3 – VENDAS	CA	A-1	A	A vs. A-1	BUDGET	BUDGET vs. A
MARCA NACIONAL	Volume					
	Valor					
	Preço Médio Produto					
MDD	Volume					
	Valor					
	Preço Médio Produto					
PRIMEIRO PREÇO	Volume					
	Valor					
	Preço Médio Produto					
ECO/BIO	Volume					
	Valor					
	Preço Médio Produto					
TOTAL (tudo menos venda por ml)						
Venda por Metro Linear (ml)						

- **Em volume:** Quantidade vendida da categoria por tipo de produto (MN, MP, PP e eco/orgânico);
- **Em valor**: Venda em valor da categoria por tipo de produto (MN, MP, PP e eco/orgânico);
- **Preço médio dos produtos:** venda em valor/venda em volume = preço médio dos produtos (PMP) por tipo de marca;
- **Venda por ML (metro linear):** venda total da categoria em valor/ML que ela ocupa.

Neste momento do *scorecard*, podemos verificar se existe uma oportunidade de melhorar o equilíbrio entre a marca nacional, a marca própria e o primeiro preço. Devem-se acompanhar os resultados de maneira extremamente precisa, uma vez que a falta de equilíbrio entre estes três tipos de marca pode gerar um problema de resultado para a categoria.

146 Guia de Gerenciamento por Categorias

A parte eco/orgânico é opcional. Ela está presente na tabela para as redes que desejam acompanhar a evolução dos produtos eco/orgânicos ou que decidiram que esse tipo de produto é estratégico para eles.

Sortimento

4 – SORTIMENTO	TIPO DE MARCA	A-1	BUDGET	GAP (%)	CONCOR-RENTE 1	CONCOR-RENTE 2
Número de Produtos	Marca Nacional					
	Marca Própria					
	Primeiro Preço					
	Eco/Orgânico					

A visão da concorrência é importante porque irá garantir que o nosso sortimento está de acordo com o papel escolhido para a categoria.

Lembre-se de que as lojas têm de ser comparáveis em termos de tamanho e metragem linear. Se a maioria das minhas lojas é média, não posso comparar meu sortimento com as lojas da concorrência que sejam maiores dos que as minhas. Por exemplo, não posso comparar minhas lojas com grandes lojas como os hipermercados do Carrefour ou Auchan, mas que são comparáveis entre si.

Lembrete: comparação em metro linear (ou em número de elementos de gôndolas) é melhor do que por metro quadrado.

- **Colunas:**
  - **A-1:** sortimento do ano passado sobre o período estudado (um ano móvel);
  - **Budget:** sortimento definido por um ano a partir da avaliação da categoria (um ano móvel);
  - **Gap (%):** medida em percentual do sortimento real de uma categoria em relação ao que foi previsto;
  - **Concorrente 1:** número de produtos presentes no concorrente 1 (este que foi identificado como o concorrente "mais importante" para a categoria);
  - **Concorrente 2:** número de produtos presentes no concorrente 2 (concorrente presente na zona de concorrência).
- **Linha:**
  - **Número de produtos:** número de produtos por marca (MN, MP, PP e eventualmente eco/orgânico) que foram identificados precisamente.

Rentabilidade

Análise dos principais elementos da rentabilidade:

5 – RENTABILIDADE	MARGEM	A-1	A	A vs. A-1	BUDGET	BUDGET vs. A
MARCA NACIONAL	€					
	%oo					
MARCA PRÓPRIA	€					
	%oo					
PRIMEIRO PREÇO	€					
	%oo					
ECO/ORGÂNICO	€					
	%oo					
TOTAL	€					
	%oo					
RENTABILIDADE POR ML						

Esta parte é de responsabilidade do varejista, uma vez que o capitão da categoria não tem acesso a esse tipo de informação.

Esta parte vai indicar a rentabilidade por tipo de marca: MN, MP, PP (e eventualmente eco/orgânico):

- inicialmente em **euros:** é a massa de margem realizada para esta categoria no período determinado;
- em seguida em **percentual:** é a massa de margem em percentual realizada no período determinado.

Fluxo de mercadoria

Enfim, iremos analisar os principais elementos do fluxo de mercadoria:

6 – FLUXO DE MERCADORIA	A-1	A	A vs. A-1	BUDGET	BUDGET vs. A
Estoque					
Estoque dos produtos obsoletos					
TOTAL					
% de produtos obsoletos					
Inventário em número de dias					
Pagamento médio					
GMROI (Gross Margin Return of Investment - margem bruta do retorno de investimento)					
Nível de Serviço					
CPFR (Collaborative Planning Forecasting and Replenishment – Previsão e reposição do planejamento colaborativo)					

Depois de uma análise profunda do sortimento, é necessário rever a parte de fluxo de mercadoria que pode ter um impacto importante neste mesmo quesito para o futuro da categoria. O estoque mal administrado tem um impacto no curto prazo e muito negativo na margem, bem como nas vendas futuras.

Existem várias maneiras de se reduzir o estoque de um varejista, mas antes de qualquer coisa é necessário:

– analisar as quantidades da embalagem padrão do fornecedor para verificar se estas estão adaptadas às vendas do produto;

– estudar as mudanças possíveis da entrega (*cross docking*, *staple stock*, etc.);

– "limpar" o estoque através de liquidações, promoções ou toda ação que permita reduzir o volume da mercadoria, sobretudo os produtos obsoletos, para estar de acordo com o budget.

A Metodologia Passo a Passo **149**

Pouco importa a solução encontrada, porém uma vez definida, será necessário manter regras fixas e acompanhá-las. Uma boa gestão de estoque hoje significa um bom crescimento para a categoria amanhã, como também, para as margens. Uma regra simples para se colocar em prática é jamais aceitar ter o montante de estoque superior ao prazo de pagamento da categoria. Não conheço nenhum varejista que aplica esta regra ao pé da letra. Este objetivo faz parte integrante do projeto, uma vez que o fluxo de mercadoria também faz parte da responsabilidade do gestor da categoria.

– **Estoque:** valor da mercadoria do estoque a preço de compra;
– **Estoque dos produtos obsoletos[1]:** valor dos produtos obsoletos a preço de compra;
– **Percentual do estoque dos produtos obsoletos:** estoque dos produtos obsoletos comparado ao estoque total;
– **Inventário em número de dias[2]:** valor do estoque comparado às vendas do período;
– **Prazo de pagamento médio:** número médio de dias referentes ao prazo de pagamento aos fornecedores da categoria;
– **GMROI:** margem/rotação de estoque;
– **Nível de serviço:** : % atendido do pedido colocado do varejo para a indústria.
– **CPFR (*Collaborative Planning, Forecasting and Replenishment*):** o plano de compra do produto estabelecido entre a indústria e o varejo para melhoria da cadeia de distribuição e a gestão de estoque.

AS VANTAGENS DE UM BOM *SCORECARD*

Este *scorecard* nos permitirá avaliar, através dos resultados analisados, a qualidade das decisões tomadas e fazer as devidas correções para gerar o crescimento da categoria e atingir os objetivos definidos. Como indiquei no início

---

[1] Deve-se entender "Produtos Obsoletos" como os produtos que foram retirados do sortimento.

[2] O cálculo de rotação de estoque é um elemento que merece atenção especial. Cada empresa calcula de uma forma. Para facilitar o benchmarking e eliminar problemas sazonais, é desejável considerar os 12 últimos meses de venda calculados em preço de compra (é mais justo do que trabalhar sobre o preço de venda em razão da variação na margem). Outra opção é considerar os 30 últimos dias de venda no Alimentar, e os 90 últimos dias de venda no Não Alimentar, o que corresponde mais ou menos à rotação existente no varejo.

150 Guia de Gerenciamento por Categorias

do capítulo, o primeiro acompanhamento do *scorecard* deverá ser feito três meses após a implementação da categoria na loja piloto. Em seguida, deverá ser atualizado a cada três meses pela equipe, bem como a cada ano em colaboração com o *top management* de cada empresa para as categorias mais importantes do varejista. Para as categorias estratégicas, recomendo que os diretores-gerais das empresas envolvidas participem da revisão anual: eles devem validar as decisões dos novos desafios.

OPINIÃO PROFISSIONAL

Apesar de seu caráter qualitativo, a gestão de categorias é um "business": existem custos e procuramos rentabilidade. Para isso, é necessário planejamento, gestão e controle. Três atividades impossíveis de desenvolver sem um método apropriado.

A gestão da categoria é também uma atividade relativamente complexa onde o sucesso depende da relação entre os diferentes interlocutores, cada um com interesses específicos que não coincidem sempre 100%.

Vamos pensar em outro setor, também complexo, para entender melhor o objetivo do *scorecard*. Vamos pegar como exemplo a aviação, setor este em que o Gerenciamento por Categorias pode ter muitas similaridades do ponto de vista planejamento e gestão.

O primeiro ponto consiste em ver claramente que o sucesso depende tanto do objetivo estratégico como da escolha de bons parceiros, competentes para esse tipo de atividade. Cada interlocutor terá, no mínimo, seus próprios critérios para essa avaliação, mas para sua realização ele precisará de informações detalhadas sobre as hipóteses e as atividades de todos os outros. Esse setor é constituído, no mínimo, pelo fabricante de avião, utilizador das aeronaves (quem adquiriu o direito à sua utilização comprando ou graças a um *leasing*), a empresa que cuida da limpeza do avião, a equipe técnica que é responsável por pilotar o avião (piloto, copiloto, engenheiro de bordo, etc.) e o cliente que vai utilizar esses serviços.

Cada um tem seus próprios objetivos e ao mesmo tempo são interdependentes. Apesar de tudo, para realizar a parte do trabalho que lhe cabe, cada um deve estar convencido de que seus objetivos têm grandes chances de serem atingidos.

Para fazer bem seu trabalho, o fabricante de avião precisa saber qual uso será feito do avião:

Tipo e frequência de voo, distância, carga a ser transportada, etc., para se produzir os equipamentos mais adaptados.

Para dar essas informações, o responsável pelas operações necessita de uma definição precisa da atividade estratégica e operacional, que permitirá ao fabricante oferecer a melhor resposta possível em termos de equipamentos, expertise que só ele tem.

As características operacionais também terão uma grande influência sobre as decisões dos participantes do projeto: as linhas, disponibilidade de assistência técnica, limpeza, tipo de carga (passageiros, animais, carga clássica ou especial, etc.).

A equipe operacional não poderá ser escolhida e contratada antes da definição dos detalhes e análises das possibilidades validadas.

A venda de serviços, o marketing e o início das atividades comerciais não serão possíveis até que a estrutura operacional esteja preparada, as licenças de voo de operação de linha em ordem, aquisição de hangar, sala de espera, informática, sistema de comunicação e todos os pré-requisitos indispensáveis.

Não é diferente para uma gestão de categorias: compartilhar as estratégias, planos de ação desenvolvidos em comum acordo, infraestrutura preparada, equipe integrada e cada ação em seu tempo.

Para voltar ao *scorecard*, cada interlocutor dessa partição terá a sua responsabilidade, com alguns pequenos elementos próprios à sua atividade e outros que serão comuns, como:

– aspectos quantitativos, a viabilidade da atividade, ou seja, a capacidade prevista em remunerar corretamente a participação de cada um, mesmo se a atividade de um é o *leasing* do avião e o outro é a limpeza ou venda dos tickets (ou por um a fabricação de bens de consumo e o outro sua comercialização);

– os aspectos qualitativos são tão essenciais quanto os quantitativos para a satisfação do cliente final, senão a atividade não se rentabiliza.

Quer seja a atividade, gestão de categoria ou aviação, é preciso que cada participante do plano de trabalho tenha na cabeça seus objetivos precisos de maneira quantitativa e qualitativa, o que às vezes concerne a apenas um (o que é inerente a seu negócio) e às vezes é comum a todos.

É importante ver claramente que, para avaliar a oportunidade e para construir bem a proposta, planejar sua execução e controlar seus resultados, isso passa por uma necessidade de indicadores quantitativos, ou seja, um bom *scorecard*.

No caso do Gerenciamento por Categorias, o *scorecard* deve refletir tanto as expectativas da indústria (resultado de seus produtos e marcas), como os do varejista (com sua proposta de valor, seus formatos de loja e suas soluções de vida destinadas ao público chave) e deve ainda considerar o *shopper* e o consumidor.

Se pensarmos de forma um pouco mais ambiciosa, deveríamos também levar em conta os outros interlocutores dessa atividade – fabricantes de equipamentos, operador logístico, empregados, etc. –, estimando que haja estímulo e resultados que lhes incitem trabalhar de maneira alinhada com pré-requisitos que foram determinados como elementos chave para o sucesso do programa de trabalho.

Desta forma, nos resta a pergunta: o Gerenciamento por Categorias não é simplesmente uma mudança da forma de se expor os produtos em loja? Não seria possível implementá-lo sem toda essa complexidade de medidas e planejamento? Evidentemente sim, é possível. Da mesma forma e com o mesmo bem estar que se pode fazer um voo de longa distância em um avião sem instrumentos de bordo...

Claudio Czapski
Diretor-geral da ECR Brasil

Passo 5 ■
Estratégia da categoria

Objetivo

Escolher a estratégia que será adotada a fim de garantir o sucesso dos objetivos definidos no *scorecard*.

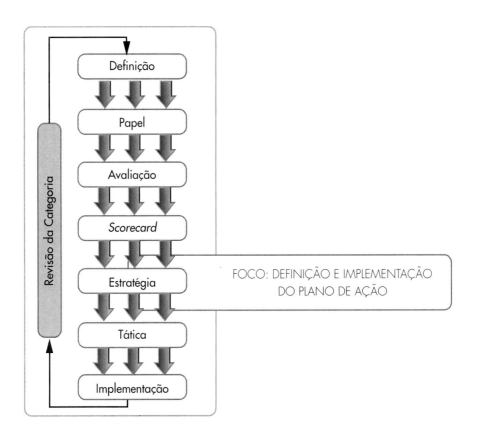

■ OS HÁBITOS DOS FRANCESES

Na França, este passo da metodologia não é utilizado. Habitualmente, a indústria coloca a sua própria estratégia para seu conjunto de produtos e marcas.

Por exemplo: sou um fornecedor de produtos para lavar roupas. Minha estratégia muda de acordo com a subcategoria. Tenho a versão "ecológica" em doses, para economizar a quantidade a ser utilizada, bem como para tornar a sua utilização pelo *shopper* mais fácil. Minha estratégia, neste caso é recrutar novos utilizadores. A imagem definida para esse tipo de "produto" é eficácia e praticidade. Ao mesmo tempo, dentro da mesma categoria, tenho a subcategoria de detergente em pó, mais clássico, onde a estratégia é fidelizar e onde a imagem é "tradicional". Temos então a visão da "indústria" de como gerenciar minhas subcategorias. Para uma subcategoria vou recrutar, e para outra, fidelizar.

Estas estratégias não existem dentro da metodologia do Gerenciamento por Categorias. A estratégia que é preconizada é para o capitão da categoria que irá recomendar ao varejista a melhor estratégia para ele, e não para si. O varejista deve considerar neste momento o papel que ele escolheu para a categoria para definir a sua estratégia (ver passo 2).

A noção de estratégia pode ser utilizada no nível da categoria, subcategoria, segmento e até mesmo pode chegar ao nível da marca, quando a marca de determinado produto é extremamente importante.

■ AS ESTRATÉGIAS

As estratégias se dividem entre marketing e *supply*.

As estratégias de marketing

Três opções são possíveis:

* estratégias financeiras;
* estratégias operacionais;
* estratégias de Imagem;

Estratégias financeiras

Teremos duas opções:

– **Gerador de fluxo de caixa:** alta rotação e frequência de compra;

– **Gerador de margem e lucro:** alta rotação e margem elevada.

Estratégias operacionais

Encontraremos quatro opções clássicas e uma adicional:

- **Defesa de território:** frequentemente comprada pelo *shopper* e frequentemente colocada em promoção pelo varejista;
- **Gerador de Transação:** compra por impulso, *cross merchandising*;
- **Gerador de Tráfego:** alta penetração, frequentemente comprada e alta participação nas vendas;
- **Gerador de Conhecimento/Estímulo:** impulso e sazonalidade;
- **Recrutamento:** baixa penetração (esta estratégia não existe na metodologia do TPG).

Estratégias de imagem

Encontraremos as estratégias concebidas pela metodologia, mas também novas estratégias de imagem que recomendarei integrar. É necessário lembrar, que a metodologia foi criada nos anos 90, então é normal e desejável efetuar algumas atualizações.

Para as estratégias de imagem, temos cinco opções "clássicas":

- **preço;**
- **escolha;**
- **qualidade;**
- **modernidade;**
- **loja completa.**

Durante as entrevistas com as indústrias, notamos que eles utilizavam outras estratégias que não fazem parte da metodologia, mas que são legítimas para serem integradas, sendo quatro opções adicionais:

- **saúde/equilíbrio nutricional;**
- **praticidade;**
- **prazer;**
- **se cuidar/beleza.**

156 Guia de Gerenciamento por Categorias

Todas essas evoluções foram levadas em conta no quadro abaixo.

Cada categoria apresentada na segunda parte prática do livro, intitulada como "Fichas de Identidade das Categorias", contém as propostas de estratégias feitas pelas indústrias pesquisadas. Em relação ao varejo, é necessário analisar se a proposta feita é legítima em função de sua própria estratégia.

Tipo	Estratégia	Função
Financeira	Fluxo de Caixa	Gerador de fluxo de caixa
	Lucro	Gerador de margem e lucro
Operacional	Defesa de Território	Posiciona a categoria agressivamente em relação ao concorrente
	Gerador de Transação	Aumentar o ticket médio da categoria, do setor ou departamento
	Gerador de Tráfico	Atrai o *shopper* para à loja, setor, corredor ou categoria
	Gerador de Conhecimento/Estímulo	Gerador de Experimentação: inovação trazida pelo benefício
	Recrutamento	Aumenta a frequência e o número de *shoppers* que compram a categoria
Imagem	Preço	Comunica ao *shopper* o posicionamento de preço da loja
	Variedade	Comunica ao *shopper* o sortimento oferecido em uma determinada categoria
	Qualidade	Comunica ao *shopper* uma imagem de alta qualidade
	Modernidade	Comunica ao *shopper* o posicionamento de uma loja moderna
	Loja Completa	Completa o sortimento da loja e está alinhado com as expectativas do *shopper* em relação ao seu formato
	Saúde/Equilíbrio Nutricional	Comunica ao *shopper* uma imagem de uma categoria dedicada à saúde e/ou equilíbrio nutricional
	Praticidade	Comunica ao *shopper* uma imagem de categoria onde seus produtos facilitam seu cotidiano
	Prazer	Comunica ao *shopper* produtos que oferecem prazer
	Se cuidar/Beleza	Comunica ao *shopper* uma imagem de loja que oferece produtos para seu bem estar

Fonte: The Partnering Group, exceto Operacional – Recrutamento e Imagem-Saúde/Equilíbrio Nutricional, Praticidade, Prazer e Cuidado/Beleza: Evolution Consulting.

Para concluir, escolhemos para cada subcategoria, segmento ou marca uma opção, financeira ou operacional, e uma imagem que corresponde à estratégia escolhida. Ela deve estar alinhada com o *scorecard e* com o objetivo de gerar o crescimento esperado para a categoria.

Exemplos de estratégias de marketing

1) **Gerador de Tráfego:** tem uma forte penetração e uma forte contribuição nas vendas da categoria.

- Esta estratégia visa aumentar o tráfego na loja e/ou em um corredor específico e/ou na subcategoria.
- Ela é comumente utilizada para produtos de forte rotação, forte penetração e baixa margem unitária.

Exemplo: fraldas. É uma compra de base para as famílias com um bebê, uma vez que ela sempre estará presente no carrinho de compras. É então uma compra de rotina.

2) **Defesa de Território:** é constituída de produtos indispensáveis onde o posicionamento de preços deve ser inferior ao da concorrência.

- Esta estratégia visa melhor posicionar certos produtos da categoria objetivando proteger as suas vendas. O slogan é: "Aqui é mais barato!".
- É utilizada por produtos de forte rotação e grande sensibilidade de preço. Os produtos são frequentemente colocados no tabloide do varejista.

Exemplo: iogurte. É um produto sempre presente no sortimento da loja, uma vez que o *shopper* sempre vai procurar e irá buscar em outra loja se não o encontrar.

3) **Gerador de Transação:** deve aumentar o ticket médio da categoria.

- Esta estratégia tem como objetivo aumentar a frequência de compra da categoria; visa aumentar o número de produtos vendidos.
- Está associada à venda por *cross merchandising.*

Exemplo: molho de tomate exposto junto às massas, o que pode gerar um aumento do valor comprado pelo *shopper.*

158 Guia de Gerenciamento por Categorias

4) **Gerador de Margem:** produto de nicho ou conveniência, que podemos trabalhar com uma margem mais atrativa. Esta estratégia visa trabalhar os segmentos de "nicho" por aumentar a rentabilidade da categoria.

- É utilizada por categorias com produtos de nicho com baixa sensibilidade a preço e forte impacto sobre a fidelidade do *shopper*. O varejista pode trabalhar com uma margem alta.

Exemplo: maquiagem. É um gerador de margem, são produtos mais caros. O cliente está predisposto a pagar o preço para se beneficiar do valor agregado do produto.

5) **Gerador de Estímulo:** é apropriada para novos produtos ou produtos sazonais. Esta estratégia comunica uma sensação de urgência ou de oportunidade ao *shopper*; gera um desejo de experimentação e/ou compra de impulso.

- É utilizada para lançamento de produtos, produtos sazonais, produtos temáticos, ou que precisam ser colocados em evidência para serem percebidos pelo *shopper*.

Exemplo: produtos de verão. Devem gerar atratividade para o *shopper* e alertá-lo para não se esquecer de comprá-los. Esta estratégia é também chamada de gerador de conhecimento, uma vez que a má *performance* de um produto está ligada à uma falta de conhecimento do *shopper*.

- Esta estratégia é caracterizada por ações promocionais de experimentação e preço, que têm como objetivo divulgar através de ações promocionais e de experimentação dos benefícios do produto.
- Esta estratégia se aplica a produtos novos ou pouco conhecidos pelos *shoppers* e que, por esta razão, necessitam ser colocados em evidência.

Exemplo: hidratante masculino é um produto de baixa penetração e pouco conhecido. É necessário motivar a sua experimentação.

Estratégias de *supply*

As estratégias de *supply* são também muito importantes, uma vez que o objetivo é a redução de custos e estoque. O cliente deve assegurar-se de que não haverá rupturas e que os produtos sempre estarão "*in stock*", ou seja, disponíveis para venda na área da loja.

Estratégias de *supply* para a categoria

AQUISIÇÃO	Melhorar a troca de dados para redução de custo, mas também para melhorar a qualidade da reposição.
GESTÃO DE INVENTÁRIO	Reduzir o volume total de mercadoria em toda cadeia de suprimento, como também despesas, taxas e custo de estocagem.
MANUSEIO DE PRODUTOS	Melhorar a recepção e manutenção dos produtos no centro de distribuição, mas também na loja.
PEDIDO/ PAGAMENTO	Melhorar o prazo de entrega entre o pedido e o pagamento da mercadoria.
TRANSPORTE	Melhorar os processos de transporte das mercadorias.

O objetivo é melhorar a *performance* global dos produtos, graças ao trabalho realizado pelos responsáveis da logística e os *experts* da *supply* que trabalharam juntos. É necessário sempre manter em mente que a coordenação será de responsabilidade do *Category Manager*.

A colaboração é fundamental para o sucesso da categoria, e cada um tem um bom conhecimento de seu negócio: os varejistas como especialistas na distribuição e os fornecedores como especialistas de suas categorias.

Minha recomendação é utilizar a ficha de identidade da categoria (disponível na segunda parte do livro) para ter uma síntese completa da categoria e de suas subcategorias.

Veja aqui um exemplo da categoria "soft drinks" e suas respectivas propostas de estratégia.

160 Guia de Gerenciamento por Categorias

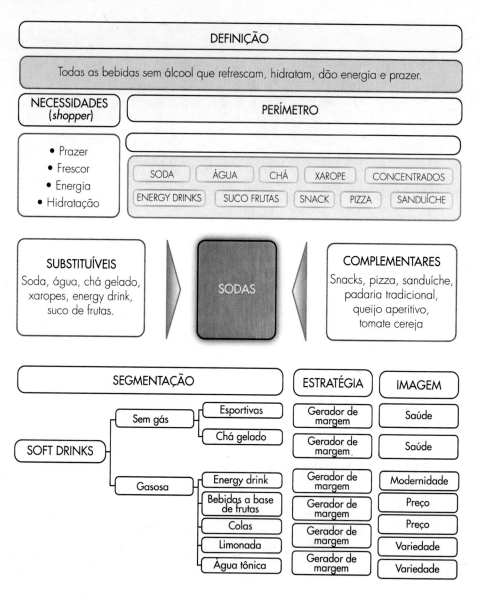

Fonte: Coca-Cola e Evolution Consulting

Opinião Profissional: como a estratégia marketing adotada impacta na categoria?

Definir uma estratégia marketing é um passo chave, uma vez que ela permite ao *Category Manager* entender melhor os recursos entre os produtos e categorias.

Vamos exemplificar: para escolher o bom produto e colocar no tabloide do Géant, o *Category Manager* vai se orientar sistematicamente sobre uma referência geradora de tráfego e com forte imagem de preço. Os produtos de nicho, onde as margens são mais elevadas, não estarão presentes. É uma regra que se fixa e que vai permitir equilibrar a intensidade promocional entre os produtos.

O *Category Manager* vai também se apoiar nesse passo para focar nas ações que melhor respondem à sua estratégia adotada. Quando fizemos a avaliação da categoria "pilha", por exemplo, constatamos dois gaps em relação à concorrência: um sortimento menor e uma participação da marca própria mais fraca. Em relação aos preços, definimos fazer da categoria um vetor de imagem preço X qualidade, e decidimos então nos concentrar sobre um aumento na participação de nossa marca própria para responder a esse objetivo.

Esta reflexão estratégica nos motiva a sermos sempre mais criativos na maneira de apresentar nossos produtos aos *shoppers,* e tudo isso para melhor responder às suas expectativas. É o caso, por exemplo, da nossa categoria "impressão". Nós estabelecemos como estratégia ser geradora de transação. Desta forma, expusemos os cartuchos de impressão ao lado das "impressoras" quando, até então, estavam expostos em corredores diferentes na loja.

Latifa Mourdi
Category Management Não Alimentar

Passo 6 ■
Táticas

Objetivo

Definir as melhores táticas para desenvolver os papéis, a estratégia e os objetivos.

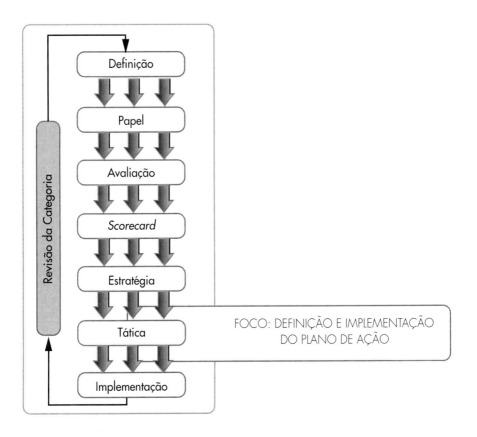

Até chegarmos nesta etapa, analisamos todos os gaps de performance da categoria (passo 3) e determinamos as estratégias (passo 5). Agora você irá fazer o último passo antes da implementação, quer dizer, definir as táticas que utilizará para colocar tudo que foi definido em prática.

As **táticas** nos ajudarão a atingir os objetivos determinados. Você poderá escolher dentre as cinco táticas propostas aqui, aquelas que você deseja desenvolver:

- 1. **Sortimento**
- 2. **Promoção**
- 3. *Pricing*
- 4. **Merchandising**
- 5. **Reposição**

Minha recomendação, em um mercado extremamente competitivo e com muita concorrência, é escolher as cinco táticas.

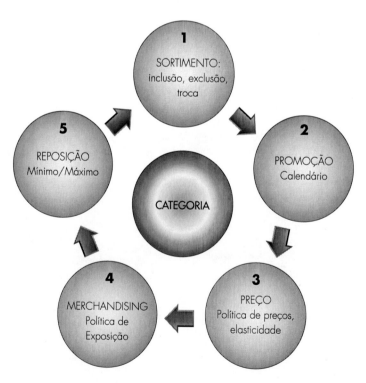

A Metodologia Passo a Passo **165**

1. SORTIMENTO

O sortimento deve respeitar o papel que foi definido para a categoria (passo 2). Se o papel escolhido for destino, o sortimento deverá ser o mais completo possível em relação aos concorrentes do varejista. Na realidade, o objetivo aqui é garantir essa diferenciação. Por outro lado, se a categoria é um serviço, o sortimento deverá ser menor, uma vez que quero apenas prestar um serviço pontual aos meus *shoppers.*

Para determinar o sortimento, recomendo refletir da seguinte maneira:

– Conhecer o número de elementos de gôndola disponíveis ou a ser determinado para a categoria;

– Conhecer a participação de cada subcategoria;

– Levar em conta os gaps encontrados no passo 3;

– Os objetivos definidos no *scorecard* (passo 4).

Exemplo da categoria "soft drinks" com a solução "momento de prazer"

	VENDA VALOR		VENDA VOLUME		RENTABI-LIDADE REDE	EVOLU-ÇÃO DO MERCADO	OBJETI-VO REDE
	MERCADO	REDE	MERCADO	REDE			
Cola	21,2	17,2	19,8	21,8	19	+6,5	25,2% em venda 21% de rentabili-dade
Limonada	2,3	4	2,5	3,5	5	+13,3	Manter
Refrigerante	8,2	8,3	8,5	8,7	9,5	+8,2	Manter

Os objetivos são os mesmos do *scorecard* (passo 4). São exatamente os objetivos de crescimento determinados.

– Os números "Mercado" e "Rede" são as participações da subcategoria no conjunto das categorias "bebidas sem álcool" em venda valor e volume (cola representa 21,2% do mercado de bebidas sem álcool).

– Rentabilidade é a margem em percentual (o capitão não irá preencher esta coluna).

• Evolução do mercado é o crescimento da categoria no último período.

(Observação: os números são ilustrativos).

166 Guia de Gerenciamento por Categorias

Vamos continuar com nosso exemplo para aprender a medir corretamente a performance de uma categoria.

Uma vez que conheço meus gaps (em nosso exemplo abaixo, existe um gap de 4 pontos entre a performance da rede e o mercado do formato que ela pertence), é necessário que meu sortimento permita atingir os objetivos que foram definidos (*scorecard*).

Exemplo da categoria "soft drinks" com a solução "momentos de prazer"

	VENDA		RENTABI-LIDADE	EVOLUÇÃO DO MER-CADO	SORTI-MENTO ATUAL	CONCOR-RENTE 1	CONCOR-RENTE 2
	VALOR REDE	VOLUME REDE					
Cola	95	92	93	+6,5	53	63	65
Limonada	4	6,8	5	+13,3	38	35	38
Refrigerante	1	1,2	2	+8,2	21	11	10

- Os números da rede são as participações em percentagem da subcategoria dentro da categoria "soft drinks" (cola representa 95% de soft drinks em valor e 92% em volume).

- Rentabilidade é o peso da subcategoria na categoria "soft drinks". Colas representam 93% da rentabilidade da subcategoria. (o capitão não preencherá esta coluna uma vez que não tem acesso à rentabilidade);

- O sortimento atual corresponde ao número de produtos que existe hoje em loja (53 colas);

- Concorrente 1 é o número de referências (para se fazer um trabalho de qualidade, recomendo ter os dados de três concorrentes);

- Enfim, na última coluna, você vai indicar o seu objetivo.

Participação Das Marcas Em Cada Subcategoria

Estamos falando de:

- Conhecer e levar em conta a participação por marca;

- Levar em consideração os gaps observados no passo avaliação da categoria (passo3);

- Levar em consideração os objetivos definidos no *scorecard* (passo 4).

Exemplo da subcategoria "refrigerante e bebidas a base de frutas com gás" da categoria "soft drinks"

	VENDA VALOR		VENDA VOLUME		RENTABI-LIDADE	EVOLUÇÃO DO MERCA-DO	OBJETI-VOS DA REDE
	MERCADO	REDE	MERCADO	REDE			
Orangina	31,9	36,8	28,5	35	28	+16,2	Manter
Schweppes	21,2	21	23,7	19	28	+28,9	+5 (volume)
Fanta	15,9	14	13,8	17,8	13	+10,9	+2 (valor)
MDD	10,4	13	11,7	15	12	+4,8	+3 (renta)
Taillefine	7,4	2	8,6	3	4	+2,8	+5 (em tudo)
Champomy	6,4	0	7,5	0	0	+0,7	Incluir
Gini	3,8	8	2,6	5	9	+1,3	Manter
Contrex	0,5	1,2	0,8	1	2	-91	Excluir
Outros	2,5	4	2,8	4,2	4	-5,6	−1 (em tudo)

(Observação: os números são ilustrativos)

- Os números "valor" e "volume" são as participações da marca na subcategoria "soda e BAF gasosa".
- Rentabilidade, margem em percentual de cada marca.
- Evolução do mercado, evolução em percentual de venda de cada marca.
- Os objetivos são os formalizados no *scorecard.*

Para definir seu sortimento por marca, a análise deve ser feita por subcategoria. Uma vez que esta tabela estiver pronta e corretamente preenchida, saberei quantos produtos devo ter por subcategoria e por marca. Esta tabela é como uma bússola que me permite orientar minhas escolhas.

Isto feito, chegou o momento de analisar produto a produto. Para isso, primeiro vamos excluir os produtos com baixa performance: em valor e em volume, bem como em rentabilidade.

Já determinamos quantos produtos queremos ter por subcategoria e por marca. Agora classificaremos os produtos por performance, da melhor para a pior.

168 Guia de Gerenciamento por Categorias

Você deve determinar um critério mínimo de performance (por exemplo, participação nas vendas menor de 2%). Todos os produtos que não atendam a essa premissa serão eliminados do sortimento. Chamo isto de "linha de corte".

O que acontece se o número de produtos, de acordo com a performance, for inferior ao que foi determinado para a marca ou para a subcategoria? É importante sempre respeitar as regras da linha de corte, definidas anteriormente, e completar o sortimento com as 3 opções abaixo:

- Incluir;
- Substituir;
- Desenvolver (MDD ou PP).

Incluir

Existem duas possibilidades:

– introduzir um novo produto;

– introduzir um produto já existente no mercado.

Introduzir um novo produto

É necessário que o *Category Manager* faça suas sugestões, uma vez que o capitão da categoria não tem acesso às informações de lançamento de produtos de seus concorrentes. Deve-se atentar em diferenciar as "verdadeiras" inovações dos *"me too"*, que têm um papel muito mais de preencher a gôndola do que trazer resultados para a categoria.

A Metodologia Passo a Passo 169

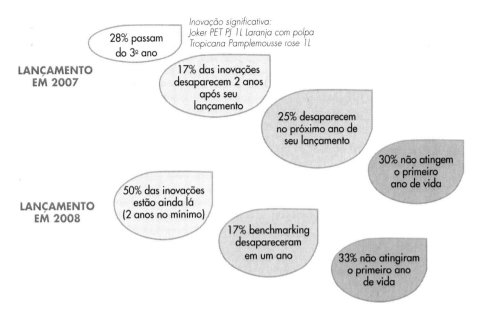

Uma inovação é considerada como fora do mercado quando DV < 10 sobre o ano em questão.

Fonte: IRI

Introduzir um produto já existente no mercado

Recomendo utilizar dados de mercado de um instituto especializado (por produto).

Como evoluíram as inovações em 2008

#	Descrição Do Produto	Marca	Total			Vmh (Venda Média Hipers)			% Volume Promoção		
			2007	2008	2009	2007	2008	2009	2007	2008	2009
1	Cocktail Myrtille De Frutas Vermelhas Ocean Spray 1L Pet	Ocean Spray	48,0	75,0	82,0	21,0	28,0	34,0	20,3	18,1	9,8
2	Cocktail Exótico Manga, Maracujá, Maçã, Abacaxi 1,5L	Tropicana	43,0	60,0	67,0	33,0	34,0	28,0	25,6	22,5	0,6
3	Laranja Com Polpa Joker 1L Pet	Joker	30,0	40,0	61,0	52,0	70,0	67,0	28,0	4,7	3,0
4	Grenade Exótica Frutas & Tendências 1L	Brick Nec Fruite	6,0	29,0	50,0	14,0	17,0	14,0	15,6	3,6	2,6
5	Cocktail Muitivitamina 1L	Brick Du Pressade	37,0	49,0	47,0	13,0	14,0	13,0	15,0	2,6	2,0
6	Cocktail De Frutas Vermelhas 1,5L	Brick Abc Fruite	38,0	43,0	39,0	30,0	24,0	19,0	16,0	1,9	0,0
7	Cocktail De Laranja Ethno 0,75L	Class Abc	36,0	39,0	35,0	9,0	8,0	7,0	5,0	0,3	0,3
8	Cocktail De Laranja E Cactus Ethno Bar 0,75L	Class Abc	34,0	36,0	32,0	12,0	11,0	8,0	5,2	0,5	0,5
9	Cocktail De Frutas Vermelhas Spray 1L	Ocean Spray	24,0	15,0	30,0	13,0	20,0	36,0	15,7	8,9	6,5
10	Cocktail De Framboesa E Lixia 1L	Brick Nec Fruite	37,0	55,0	29,0	19,0	16,0	12,0	5,4	2,9	3,6
11	Kimi Kimi 0,75L	Class Abc	30,0	48,0	20,0	8,0	8,0	6,0	6,0	12,5	5,0

A Metodologia Passo a Passo **171**

12	Cocktail De Frutas Outras 2L	Brick Abc Fruite	31,0	10,0	10,0	36,0	37,0	46,0	14,2	37,4	37,5
13	Cocktail De Frutas Cítricas 1L	Brick Abc Fruite	25,0	20,0	10,0	27,0	18,0	32,0	27,5	13,2	58,7
14	Clássica Abricot 0,20L	Tropicana	2,0	8,0	9,0	12,0	11,0	10,0	0,9	3,0	0,0
15	Morango E Tendências 1L	Brick Nec Fruite	14,0	21,0	8,0	16,0	15,0	11,0	16,0	7,0	0,0
16	Cocktail De Pêssego E Lixia 1L	Brick Nec Fruite	31,0	34,0	7,0	17,0	10,0	7,0	38,3	28,3	4,0
17	Cocktail De Frutas Vermelhas 0,33L	Minute Maid	20,0	31,0	7,0	25,0	13,0	11,0	27,4	0,2	0,5
18	Cocktail De Frutas Multivitamina 0,20L	Brick Abc Fruite	20,0	12,0	7,0	14,0	19,0	21,0	3,8	0,9	1,7
19	Cocktail De Maçã, Pêssego E Lichia 2L	Brick Nec Fruite	26,0	11,0	7,0	27,0	28,0	32,0	6,3	0,9	2,3
20	Cocktail De Manga E Papaia 1L	Class Abc	3,0	3,0	6,0	11,0	8,0	8,0	34,5	11,2	9,0
21	Cocktail De Frutas Vermelhas E Laranja 0,75L	Tessepe	17,0	6,0	5,0	8,0	9,0	8,0	4,0	0,4	3,3
22	Cocktail De Frutas E Ervas 1L	Brick Abc Fruite	44,0	32,0	3,0	18,0	9,0	6,0	40,1	2,3	2,7
23	Cocktail De Maçã, Côco, Abacaxi E Banana 2L	Brick Nec Fruite	20,0	6,0	3,0	20,0	19,0	25,0	2,0	5,0	4,4
24	Cobktail Exótico Pina Colada 1L	Carabos	4,0	1,0	2,0	15,0	39,0	15,0	13,2	38,6	5,0
25	Cocktail De Maçã E Coco Verde 2L	Dj Cdou	2,0	2,0	1,0	42,0	40,0	14,0	1,3	4,7	14,0

A tabela nos mostra os melhores produtos em termos de performance no mercado por formato de loja em que o varejista está presente. Fazendo boas escolhas desde o começo, os objetivos de crescimento que foram fixados para a categoria chegarão mais rapidamente.

Substituir

Para substituir qualitativamente um produto que excluímos por não corresponder aos critérios escolhidos de performance, tem de se utilizar a mesma regra que utilizamos para incluir produtos já existentes no mercado (conforme mencionado acima).

Desenvolver (MP ou PP)

Vamos exemplificar:

- a subcategoria "limonada" tem uma boa performance no mercado com uma evolução de 13,3% de um período a outro;
- a análise por marca nos mostra que a MP está muito bem no mercado;
- na rede analisada, a MP não está presente nesta subcategoria.

O capitão então deve recomendar o desenvolvimento de produtos MP para esta subcategoria.

■ 2. PROMOÇÃO

De acordo com a SymphonyIRI, o *shopper* está com um novo estado de espírito em relação à promoção. Antes, ele tinha uma relativa confiança e referências que lhe pareciam sólidas. Hoje, ele desenvolve certa desconfiança generalizada e um grande sentimento de ter perdido suas referências.

Essa desconfiança afeta mais as marcas nacionais que as marcas próprias (MP) ou primeiro preço (PP). Os *shoppers* têm uma tendência a acreditar que as ofertas em loja são mais claras e melhor expostas: *"Tenho mais confiança em minha loja do que em um produto. Acho que minha loja vai me roubar menos", "Eu acredito nas promoções do Auchan".*

Por outro lado, esses mesmos *shoppers* acreditam que as ofertas das marcas nacionais têm uma tendência a:

- jogar com as palavras;
- propor na maior parte do tempo os mesmos descontos de formas diferentes;
- ser permanente: eles têm a impressão de que certas frases ("preço forte", "oferta especial", etc.) são muitas vezes presentes no pack e que são denominações abusivas. Isso irrita os *shoppers*.

Em face de uma promoção que é fonte de suspeita e de incompreensão, os varejistas são então percebidos como aliados.

O cartão de pagamento e o cartão fidelidade são vistos como redutores de risco. Com o cartão, *"ganhamos de todas as formas"*. Eles se tornaram imprescindíveis (89% o possuem e 85% o utilizam sistematicamente). O cartão fidelidade é então um "oásis da confiança" dentro de um universo de desconfiança, e uma fonte de profunda mudança na maneira de fazer as compras. O cartão consolidou a relação entre os *shoppers* e sua loja.

O que os *shoppers* esperam em termos de mecânica promocional?

A boa promoção é IMEDIATA, CLARA e com FORTE REDUÇÃO.

Para concluir, é necessário fazer da promoção um caminho para o crescimento de vendas. De acordo com a SymphonyIRI, as recomendações são as seguintes:

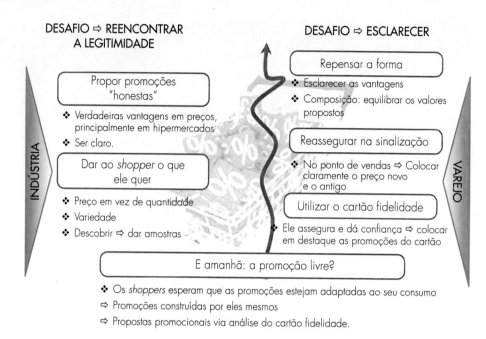

- Os *shoppers* esperam que as promoções estejam adaptadas ao seu consumo
- Promoções construídas por eles mesmos
- Propostas promocionais via análise do cartão fidelidade.

Como podemos ver, o *shopper* deseja liberdade para suas promoções. Tenho a impressão que Carrefour se inspirou neste *insight shopper* para construir seu modelo promocional atual. Pessoalmente, se a ideia está respondendo a esta observação da IRI, eu acho a aplicação de Carrefour um pouco intelectual e difícil de entender em sua totalidade para os *shoppers*.

Uma boa promoção é aquela que traz vendas adicionais para a categoria sem afetar sua rentabilidade.

A promoção pode ser analisada da seguinte maneira:

Promoções sazonais

São as promoções como Volta às Aulas, Verão, Natal, Dia das Mães, etc. Para estas, não podemos errar na escolha dos produtos, nas quantidades que iremos pedir, nem sobre o posicionamento de preços e muito menos em sua implementação.

Atenção: quando falamos sazonal, falamos vida curta, e se não queremos ficar com as mercadorias em nosso estoque no final, é imprescindível conhecer perfeitamente a curva de vida dos produtos. Isso permitirá controlar o estoque.

O bom momento para promover esses produtos é quando sua curva de vendas começa a abaixar.

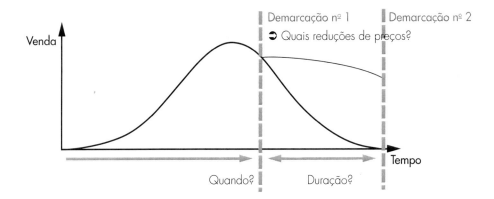

Quando começamos a demarcação no momento indicado neste gráfico, quer dizer que ela vai sair mais barata para a categoria porque vamos aproveitar do fluxo em loja e irá permitir prolongar seu ciclo de vida.

Promoção de oportunidade

São promoções que podemos fazer com produtos tirados de linha pela indústria, por exemplo. Neste caso, é melhor eliminá-los do estoque o mais rapidamente possível e aproveitar para aumentar as vendas. É bem verdade que esse tipo de promoção pode canibalizar as vendas dos "bons" produtos durante o período, mas você tem a opção de comprar ou não, de fazer ou não.

Atenção

É muito importante documentar essa decisão em seu histórico de vendas, uma vez que elas podem afetar durante um momento as vendas de outros produtos e modificar a sua visão de realidade no longo prazo.

Promoção de produtos obsoletos

São promoções um pouco complicadas de se administrar, porque na maioria das vezes estamos falando de produtos que não vendem. Dito de outra forma, são produtos sobre os quais o *shopper* já enviou a seguinte mensagem: "Este produto não me interessa!". O desconto concedido deve ser significativo desde o começo, com um diferencial de preço importante para poder atrair o interesse do *shopper*. Mas é melhor realizar as promoções de forma que sejam significativamente perceptíveis pelo *shopper,* além da baixa de preços.

Habitualmente, esse tipo de promoção custa caro e a tática é "preço muito baixo". É necessário estar atento ao custo que ela representa para gerar de maneira eficiente esta promoção. Mas, ela é necessária, caso contrário os produtos obsoletos vão se eternizar nas gôndolas, prejudicando a venda dos produtos "saudáveis (que giram)", degradando seu estoque.

> ## Atenção
>
> A performance da categoria pode ser afetada por esse tipo de promoção. É necessário acompanhá-la separadamente, tendo uma visão clara da rentabilidade da promoção sobre o sortimento normal/permanente.

Promoção planejada

São as promoções pensadas, planejadas há bastante tempo e previstas no calendário, respeitando o planejamento da dinâmica comercial contemplado para a categoria.

Idealmente, um calendário promocional para a categoria deve utilizar diferentes mecanismos já existentes (cupom, gratuidade, desconto, cartão fidelidade, *cross merchandising*). Apesar disso, a construção de nosso histórico nos permitirá medir as evoluções das vendas por tipo de promoção e saber quais são as mais adaptadas a cada categoria e em qual momento.

■ 3. *PRICING*

Existem dois tipos de posicionamento de preços

EDLP

Every Day Low Price: os preços permanecem baixos todos os dias. É o posicionamento utilizado pelo Walmart.

Alto e baixo

Alto e baixo: os preços mudam, existem períodos em que os preços são mais altos, outros mais baixos, se alternando com períodos de forte promoção. Para pagar o custo do período quando os preços são *"baixos"*, os preços habituais *"altos"* devem ser ainda mais elevados, a média dos dois é o objetivo para rentabilizar o *scorecard*.

Na prática

Hoje, a maioria dos varejistas utiliza uma resposta híbrida dos dois posicionamentos: alguns produtos com preço baixo todo ano e outros que fazem o ioiô de alto e baixo em permanência. Isso pode afetar consideravelmente a imagem de preço.

Como vimos no gráfico da SymphonyIRI, o *shopper* perde a confiança quando o preço baixa muito, porque ele acha que este não é transparente, nem honesto. Se um produto pode ser promocionado a menos de 50%, isto significa que o preço habitual é muito alto para compensar essa promoção.

A imagem de preço é muito importante para o *shopper* e ele pode mudar de loja se pensa que paga mais caro. A única rede na França que conseguiu ter uma imagem de baixo preço consistentemente em hipermercado e supermercado foi o Leclerc. Nos especialistas, podemos mencionar a Darty ou a H&M.

Para construir uma imagem de preço como a do Leclerc, leva tempo e não é fácil. Outros varejistas tentaram, mas os resultados foram bem limitados. É preciso ter perseverança, evitar o *stop-and-go,* quer dizer, não alternar em permanência o *high and low,* e EDLP (Every Day Low Price – Preço Baixo Todo Dia), mas acompanhar perfeitamente os preços de seus concorrentes categoria a categoria.

Para estes que têm uma imagem de preço alto, para mudar essa imagem custa muito caro, ainda mais que a imagem é uma percepção do cliente, e que na maioria das vezes é diferente da realidade (muitos institutos são capazes de medir a imagem de preço percebido e real).

O posicionamento de preços deve estar em acordo com o papel e a estratégia definida para a categoria.

Uma categoria onde o papel é "conveniência" estará situada embaixo, à esquerda do gráfico. É uma categoria geradora de margem e/ou rentabilidade.

Por outro lado, uma categoria destino estará situada em cima, à direita no gráfico. Por consequência, a política de preços será mais agressiva, com o objetivo de gerar uma boa imagem de preços.

Como você pode ver, o Gerenciamento por Categorias ajudará a ponderar melhor o *pricing* e, identificando o papel de cada categoria, você poderá ao mesmo tempo determinar sua política de preços.

A escolha da estratégia também determina seu posicionamento de preços em relação ao concorrente. Abaixo, o gráfico ilustra o posicionamento de preços em relação aos concorrentes levando em conta o papel da categoria.

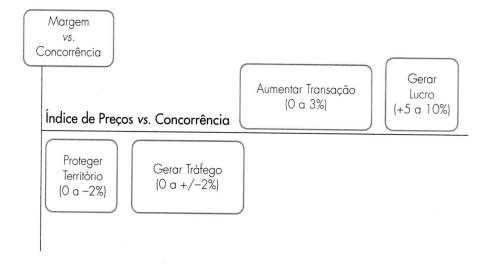

Existem hoje várias ferramentas que gerenciam os preços de acordo com a zona concorrencial do varejista, loja a loja, etc. Mas para que essas ferramentas sejam eficazes, precisamos "informar" o posicionamento definido para cada categoria.

Essa parte deve ser feita pelo varejista, uma vez que o capitão da categoria não tem acesso às margens, e a lei não permite à indústria seu posicionamento a respeito.

◼ 4. MERCHANDISING

O merchandising será abordado em quatro partes:

- Grande layout (solução).
- Layout categoria.
- Planograma.
- Comunicação visual.

O grande layout é mais utilizado para aqueles que propõem uma solução completa. Minha recomendação é que sejam analisadas todas as categorias, considerando:

- venda valor;
- venda volume;
- rentabilidade;
- tamanho dos produtos;
- papel da categoria;
- número de SKUs (*Stock-Keeping Unit* = 1 item).

Uma vez com esses dados em mãos, você fará uma ponderação de todos eles. É o varejista que determina o que é mais e menos importante. Os oito passos da metodologia darão uma boa parte das respostas e facilitarão a sua vida.

Alguns varejistas não utilizam todos esses parâmetros, preferem privilegiar alguns destes. Por exemplo, darão mais peso à rentabilidade ou ao número de SKUs. Não sou muito favorável à decisão de privilegiar a rentabilidade como sendo a mais importante. A rentabilidade é, indubitavelmente, um parâmetro importante, mas não o mais importante para a construção do grande layout. Não acredito que as vendas das categorias mais rentáveis (que possuem, portanto, as margens mais elevadas) aumentarão de maneira significativa se dermos mais espaço. A loja não tem a capacidade de mudar as necessidades de seus clientes. Se privilegiarmos esse quesito, corremos o risco de aumentar fortemente os nossos estoques.

Por outro lado, se reduzo o espaço de uma categoria somente porque ela é menos rentável, suas vendas não vão parar por causa disso. Quero melhorar sua rentabilidade? Em quanto? Acredito que, em todo caso, o que vai acontecer é que vamos dar mais trabalho às pessoas da loja que cuidam da reposi-

180 Guia de Gerenciamento por Categorias

ção, e então iremos degradar a sua produtividade. Aumentaremos o risco de ruptura e, por consequência, teremos o risco de perder mais vendas.

Uma vez que estabeleci todos os parâmetros, vou distribuir as categorias em relação às estratégias adotadas, por exemplo:

- frequência de compra;
- geradora de tráfego;
- gerador de margem;
- gerador de estímulo, etc.

Trabalharei o tráfego da minha solução (cf. capítulo 4) com espaços que lhes foram atribuídos.

Enfim, vou trabalhar a comunicação visual da minha solução de maneira que ela seja coerente com a comunicação visual do varejista.

Atenção

Normalmente é o capitão da categoria que desenvolve a comunicação visual. Logo, é necessário passar a ele todas as regras da identidade visual, para garantir que a proposta respeite as normas do varejista. Se cada um fizer o que quiser para cada categoria, a loja vai perder sua harmonia e coerência visual.

Para a solução "momento de prazer", HighCo Docs desenvolveu duas sugestões. O briefing dessa solução foi o seguinte:

- ambiente agradável;
- divertido;
- que inspire a sensação de prazer;
- sedutor.

Como resultado, eles propuseram:

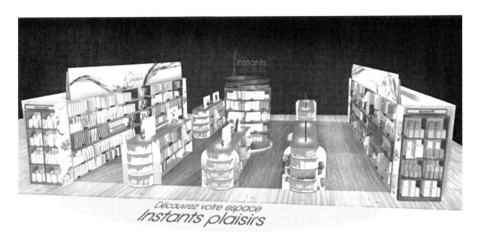

Reorganização do setor bebidas refrescantes sem álcool (BRSA):

- implantação das colas no final do corredor, de forma a motivar o *shopper* a ir até o seu final;
- começo do corredor pelo suco de frutas natural, que dá segurança e é um dos ícones da categoria;
- colocar em evidência as marcas nacionais: elas são frequentemente o emblema do mercado;
- colocar em evidência a complementaridade de duas subcategorias "*snacking*" e "BRSA": disposição de um móvel permanente para promoção de *snacking* no coração do setor BRSA.

Reorganização do setor *snacking*:

- dar um pouco de jovialidade ao *snacking* inserindo no linear produtos frescos como kani, legumes aperitivo ou ainda frutas da estação. Dupla implantação deve ser estimulada, em geral ela aumenta o ticket médio;
- implantar os produtos com forte penetração no final do setor para ajudar na circulação do *shopper* em toda solução;
- oferecer várias soluções para todos os tipos de *shoppers* e para todos os prazeres;
- criar uma implantação cruzada de BRSA no coração do setor (promoção + prateleira central);
- dar a possibilidade de vender bebidas geladas em equipamentos refrigerados.

Em resumo, uma solução que dá vontade de comprar é:

- moderna, luminosa, alegre, que comunica os momentos de prazer inerentes à categoria, que são divididos ou não;
- cores vivas e claras;
- uma organização de fácil compreensão ao *shopper*;
- cores para delimitar as subcategorias;
- uma implantação que valoriza a novidade e que permite uma visita completa da solução;
- uma solução estimulada por animações e/ou degustações regulares e pertinentes;
- promoções que levam em conta a estação e temas que se adaptam ao período do ano.

Layout

O layout refletirá a segmentação que o *shopper* fez no momento do estudo e que vai nos ajudar a organizar as categorias e subcategorias.

Quando o layout é bem feito, ele é capaz de, sozinho, gerar crescimento para a categoria, uma vez que o *shopper* vai achar a categoria mais "clara", simplesmente porque a sua maneira de comprar foi respeitada.

Você irá encontrar todas as recomendações das principais categorias na segunda parte deste livro, intitulada "Ficha de Identidade da Categoria".

O planograma

Respeitando, uma vez mais, a árvore de decisão do *shopper* é que se constrói o planograma. Antes de começar a preparar a resposta, o capitão da categoria deve solicitar ao varejista as normas da rede em relação ao planograma.

Habitualmente, o PP (primeiro preço) fica abaixo, a MP (marca própria) é exposta ao nível dos olhos e próximo ao líder. Outros preferem um planograma horizontal por marca e vertical por produto. Enfim, alguns escolhem colocar os produtos mais baratos em baixo e mais caro acima. Conclusão: para não se perder tempo, é melhor conhecer a política da empresa antes de começar.

Sempre se deve considerar o ponto de vista do *shopper*. Não existem regras rígidas a serem seguidas, uma vez que cada categoria tem a sua própria necessidade. É um debate que deve ser estimulado com o varejista. A questão que se coloca não é quem tem razão, e sim o que querem e pensam seus clientes! Às vezes, o ideal é expor a categoria por marca, mas isso não é verdade para todas as categorias. Tudo está ligado ao critério de compra do *shopper* para a categoria. Algumas categorias exigem que os geradores de tráfego fiquem embaixo, mas também não é sempre o caso. Cada categoria tem sua particularidade a ser tratada. O conhecimento da árvore de decisão é, então, fundamental.

O momento de trabalhar muito bem a questão "rentabilidade" chegou. É evidente que iremos privilegiar as subcategorias e produtos que são mais rentáveis.

A sinalização

A sinalização é um assunto muito importante. Quando o layout e o planograma são validados, desenvolve-se a comunicação visual adequada à categoria.

Mais uma vez, cada categoria tem as suas particularidades, mas evidentemente todas as categorias não tem uma comunicação visual particular. Vimos no estudo da SymphonyIRI (cf. capítulo 4) que uma sinalização adaptada rompe a monotonia. Ela pode ter objetivos distintos, como:

- dar as informações sobre uma categoria, subcategoria ou produto para o *shopper*;
- esclarecer a segmentação;
- romper a monotonia;
- atrair o *shopper*;
- ajudar o *shopper* a fazer sua escolha, etc.

Uma sinalização que permite testar, entrar em contato com o produto

Vejam esta comunicação visual que encontrei no Walmart nos Estados Unidos e que me seduziu. Categoria CAMA, especificamente lençóis. O Walmart informa a composição do tecido, é possível tocar para testar se a textura nos agrada ou não. Com certeza, essa iniciativa considerou um estudo *shopper*.

Walmart, Nova York, Estados Unidos

Uma sinalização explicativa

Outro exemplo nos Estados Unidos, na Target: uma sinalização explica os diferentes usos para a categoria escova de cabelo.

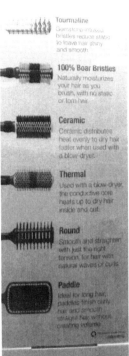

Target, Nova York, Estados Unidos

Outras tecnologias a serviço do shopper

- o telefone celular, que em breve vai nos mostrar os benefícios dos produtos que não estão detalhados na embalagem por falta de espaço;
- os equipamentos interativos que ajudam o *shopper* a comprar corretamente através de um melhor conhecimento do produto (por exemplo HP no Géant Casino).

O exemplo da foto abaixo da Target ilustra um equipamento interativo que ajudará ao *shopper* escolher melhor a categoria coloração para cabelo.

Target, Nova York, Estados Unidos

Bons equipamentos

Enfim, existem várias formas de melhorar o serviço para nossos clientes, com a ajuda de bons equipamentos que colaboram, por exemplo, no transporte da mercadoria para o *shopper*. Vejam este exemplo do Géant Casino, que coloca à disposição de seus clientes embalagens para presente ou, como abaixo, caixas para proteger produtos frágeis.

Géant, Pessac, França

▪ 5. REPOSIÇÃO

A atividade de reposição é também muito importante para o sucesso de uma categoria. O sonho de todos os varejistas é ter embalagens dos fornecedores que correspondem às suas necessidades em loja em termos de volume. Mesmo se o Gerenciamento por Categorias veio para contribuir na mudança de mentalidade de parar de "empurrar" mercadoria para loja que não precisa dela, esse tipo de comportamento ainda está presente nos fornecedores. E depois eles ficam surpresos quando os varejistas pedem sua ajuda para eliminar os estoques.

O CPFR (*Collaborative, Planning and Forecasting Replenishment)* foi desenvolvido com a associação ECR Europa. É uma tentativa de melhorar os custos do fluxo de mercadorias. Mas ainda existe um longo caminho a ser percorrido para a excelência operacional.

O nível de serviço (número de produtos pedidos que foram realmente entregues no centro de distribuição) ainda é um desafio que se traduz em rupturas na loja para os *shoppers.* Os índices são ainda pouco aceitáveis, principalmente no não alimentar.

No Walmart, cada pedido começa por um número que distingue seu tipo. Por exemplo:

– 33 = produto "normal";

– 44 = tabloide;

– 45 = loja nova;

– 49 = promoção, etc.

(Observação: estes números são ilustrativos).

É simples, mas garante que um pedido prioritário chegará à loja no momento correto.

Quando estudamos uma categoria, é recomendável estudar sua cadeia de distribuição e analisar:

● seu modo de distribuição:
  – *Staple stock*: para produtos de alta rotatividade que terão seu estoque permanente nos centros de distribuição. Reduzir custos é mais fácil para este tipo de categoria ou produto em função dos volumes, que geralmente são elevados. As oportunidades de comprar um caminhão com-

pleto, negociando melhores condições e otimizando as compras são mais frequentes.

– *Cross docking*: são categorias ou produtos que chegam ao centro de distribuição e que saem imediatamente para as lojas. Eles não são estocados no centro de distribuição. São produtos majoritariamente de baixo volume.

– Agenda: pré estabelecer o dia e horário das entregas ajudam os fornecedores a planejar a utilização de seu caminhão e, portanto, a não passar o dia esperando para poder efetuar a sua entrega.

- EDI (*Exchange Data Information*): permite ter o pedido e a fatura eletronicamente. Recomendo verificar a quantidade mínima e máxima por produto e por loja, para se assegurar que a quantidade está de acordo com a necessidade de cada loja. Desta forma, evitaremos a ruptura ou excesso de estoque.
- Embalagens pré-preparadas para promoção;
- Iniciativas de sustentabilidade:

  – divisão de caminhão;

  – divisão de *paletts*;

  – aquisição de caminhões mais leves e que produzem menos CO_2;

  – utilização de trens no lugar de caminhões;

  – utilização dos rios (Monoprix), etc.

Em todos os casos, a prioridade do *Category Manager* é assegurar que a mercadoria estará disponível na loja:

– no bom momento;

– sem ruptura;

– sem excesso de estoque;

– ao custo mais baixo possível.

Ao final deste passo, recomendo revisitar os objetivos do passo 3, ou seja, do *scorecard*, uma vez que agora você terá todos os elementos para gerar o crescimento da categoria. Estes elementos irão permitir validar definitivamente (até a próxima revisão) seu *scorecard*.

Os pontos importantes deste capítulo

As principais táticas que você poderá utilizar da metodologia:

- sortimento;
- promoção;
- *pricing*;
- merchandising;
- reposição.

Opinião Profissional: como você vê o futuro da sustentabilidade dentro do varejo e da indústria?

A sustentabilidade se impõe como um elemento estrutural estratégico das empresas: conciliar a economia, o social e o ambiente é mais do que nunca necessário no mundo de hoje, onde a tomada de consciência dos cidadãos é cada vez mais forte e orientada à escolha de consumo, onde as leis estão cada vez mais restritas sobre aspectos ambientais, onde as matérias primas, a energia e o transporte têm um custo cada vez mais elevado.

Para os players da indústria de grande consumo como nós, Coca-Cola Entreprise, é o conjunto do ciclo de vida dos produtos que são objeto de otimização a cada etapa com o objetivo de reduzir seu impacto ambiental. Iniciativas de ecoconcepção dos produtos são desenvolvidas (redução das embalagens, integração de material reciclado, análise do ciclo de vida dos produtos e sua reciclagem), maneiras de transportar para reduzir seu impacto de carbono, processos industriais de fabricação de cada vez mais econômicos em água e em energia, recursos de energia renovável são desenvolvidos... Em breve, será o conjunto da cadeia econômica que evoluirá *versus* um modo mais respeitoso do ambiente mais durável.

Nós temos a convicção que a sustentabilidade não é um modismo, mas uma iniciativa imprescindível para assegurar o crescimento responsável nos próximos anos.

Arnaud Rolland
Responsável pela Sustentabilidade da Coca-Cola Entreprise

Passo 7 ■
Implementação

Objetivo

Colocar em prática o *businness plan* da categoria na loja ou nas lojas-piloto.

É o momento de passar da teoria à prática e colocar na loja-piloto tudo que foi previsto e decidido. É na loja que tudo acontece, e é na loja onde o *shopper* se encontra. É ele que vai nos dizer se o que preparamos está realmente de acordo com as suas expectativas.

Para este passo, falo mais diretamente com o varejista, uma vez que são eles que têm a responsabilidade da implementação.

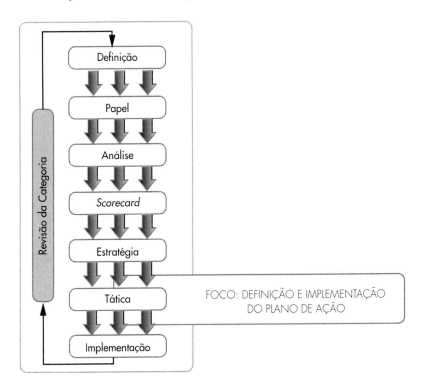

■ REUNIÃO E FORMAÇÃO

A primeira etapa é fazer uma reunião com a equipe da loja para explicar o que acontecerá, ou seja, porque, quando e qual o papel daqueles que participarão da implementação do projeto.

Participantes

É comum que a indústria também coloque a sua equipe à disposição no momento da implementação em loja. O ideal é que as mudanças ocorram fora do horário de abertura da loja para que não atrapalhem os clientes que fazem as suas compras.

É por esta razão que acho interessante convidar a equipe piloto das lojas para a participação na formação preparatória, organizada pela equipe do *Category Manager*, mesmo que o deslocamento nem sempre seja fácil de administrar pela matriz, em função das faltas que eles fazem nas lojas e dos custos atribuídos. Apesar disso, é muito útil que eles participem desde o começo até o final para compreenderem melhor a metodologia e as mudanças implicadas na loja. Se a participação deles na formação não é possível, será necessário prever uma formação em loja feita pelos *Category Managers* dos fornecedores que participarão do projeto.

Se sua equipe entende os objetivos, estratégias e táticas da categoria, ela será mais comprometida em sua implementação, como também, em sua manutenção na loja. Ela será o "guardião" do planograma. Fique muito atento a isso porque, hoje, o mais difícil não é a implementação do projeto, mas a manutenção do projeto no tempo adequado para garantir a manutenção do planograma previsto e o respeito, qualitativamente (respeito da implementação) e quantitativamente (respeito do sortimento).

VAREJISTA	FORNECEDOR
• O varejista deve garantir a participação dos responsáveis de reposição e manutenção da loja. • Os representantes e a equipe de cada setor envolvido no processo devem ser formados antes da implementação da categoria. • O varejista tem de garantir à equipe o tempo necessário para a formação.	• A formação deve ser sintética. O objetivo é reforçar as vantagens da implementação do projeto: – Crescimento da categoria; – Desenvolvimento da loja; – Facilidade de reposição; – Vantagens para cada equipe comprometida. • O fornecedor deve explicar a lógica utilizada para a definição das táticas adotadas para a categoria. • Ele deve utilizar uma linguagem simples e sem termos em inglês.

Apresentação

A apresentação deve ser de fácil e rápida compreensão para não cansar a equipe da loja, mas também para não afetar seu trabalho. Para essa formação, sugiro o seguinte:

- Histórico da empresa;
- O papel do Capitão de Categoria;
- Conceito de Gerenciamento por Categorias;
- Importância do Gerenciamento por Categorias para o varejista e para a indústria;
- Tática: critérios para a definição do planograma;
- Planograma antes e depois por categoria;
- Importância da manutenção do planograma;
- Data da implementação;
- Divisão dos papéis e responsabilidades.

É importante escolher o melhor momento para se efetuar as mudanças ligadas à implementação do projeto. O bom momento é aquele de menor fluxo de atividade da categoria, se possível quando a loja estiver fechada. É um trabalho adicional para a equipe da loja e, portanto, requer planejamento e organização.. A equipe projeto deve também ajudar a loja piloto em colaboração com seus fornecedores, e garantir que a programação do trabalho tenha sido extremamente bem preparada. Você pode também pedir ajuda às outras lojas da região. Se não tiver outra opção, você pode contratar temporários por alguns dias. Como sempre, se existir boa vontade, você conseguirá implementar o projeto sem maiores sobressaltos.

Ao mesmo tempo, é evidente que a reposição do restante do departamento, ou da loja, não seja afetada.

VAREJISTA

- Cuidar do estoque dos produtos durante a implementação em loja.
- Dar o suporte necessário à equipe do fornecedor parceiro.
- Prevenir as pessoas em deixar a loja limpa ao término da implementação.

FORNECEDOR

- Se a loja estiver aberta, deve-se prestar atenção para não deixar caixas de produtos espalhadas pelo corredor, perturbando os clientes.
- Deixar os produtos acessíveis para o *shopper*.
- Implantar a teatralização e sinalização para ajudar o *shopper* e mostrar a mudança que foi feita para ele.

Abaixo, alguns exemplos básicos. Asseguro que, se você respeitá-los, sua implementação será mais fácil e seu sucesso mais rápido.

LOJA ABERTA	LOJA FECHADA
• Fotografar antes de iniciar a mudança. • Limpar, tirar pouco a pouco os produtos da gôndola e fazer a reposição simultaneamente. • Tirar os preços e colocar os novos ao mesmo tempo. • Não deixar as caixas atrapalharem a passagem no corredor. • Colocar os carrinhos de forma que estes não incomodem os clientes. • Revisar o planograma. • Validar o planograma com o responsável pela loja. • Fotografar após a implantação.	• Fotografar antes de iniciar a mudança. • Tirar os produtos antigos e seus respectivos preços. • Limpar as gôndolas. • Repor os produtos. • Tirar as caixas. • Colocar os carrinhos de forma que não atrapalhe a equipe que está trabalhando. • Revisar o planograma. • Colocar os novos preços. • Validar o planograma com o responsável pela loja. • Fotografar após a implementação.

Como podemos ver, são conselhos básicos, mas que nem sempre são respeitados. Na maior parte das vezes, os clientes são incomodados por esse tipo de tarefa em loja.

Ao final da apresentação, indicar o dia e horário previstos para a implementação de todas as mudanças desse novo planograma, mas também os papéis e responsabilidades de cada um no Dia D.

■ *CHECKLISTS* PARA NÃO SE ESQUECER DE NADA

Para a implementação, preparar um *checklists* de todos os pequenos detalhes que farão a diferença.

196 Guia de Gerenciamento por Categorias

O sucesso da implementação passa por um acompanhamento preciso que garantirá o bom desenvolvimento da implantação em loja. Você encontrará abaixo um exemplo de *checklists* que irá te ajudar.

Checklist: antes do Dia D

ATIVIDADE	RESPONSÁVEL	STATUS
SORTIMENTO Identificar os novos produtos a introduzir nas lojas. Identificar os produtos que não fazem mais parte do sortimento da loja. Identificar os produtos obsoletos a liquidar. Retirar da loja os produtos que não fazem mais parte do sortimento.		✓
PREÇO Validar a estratégia de *pricing*. Imprimir as novas etiquetas de preços.		✓
MERCHANDISING Validar a sinalização que será colocada em loja. Prever o plano de entrega na loja pela agência de publicidade. Prever o equipamento correto a ser instalado. Validar layout e planograma. Imprimir o novo layout e planograma.		✓
TREINAMENTO EM LOJA Validar a apresentação que será feita em loja. Definir a data de apresentação em loja. Realizar a apresentação ao diretor da loja e sua equipe.		✓
PONTO DE VENDA Definir a data de implementação. Prever os recursos humanos necessários. Prever a informação necessária para a entrada das pessoas dos fornecedores. Prever os equipamentos necessários, comprar o que for necessário de forma que estejam na loja no momento da implantação no Dia D.		✓
SATISFAÇÃO Preparar o briefing do estudo de satisfação dos *shoppers* em loja. Solicitar orçamento para os institutos utilizados habitualmente. Escolher o instituto. Validar o questionário com o capitão e varejista. Validar a data da realização da pesquisa. Realizar a pesquisa.		✓

A Metodologia Passo a Passo **197**

Checklist: depois do Dia D

ATIVIDADE	RESPONSÁVEL	STATUS
SORTIMENTO Listar os produtos novos em loja. Listar os produtos deletados e obsoletos sem estoque em loja. Assegurar-se da reposição dos produtos atuais e novos.		✓
PREÇO Colocar as etiquetas de preço.		✓
MERCHANDISING Colocar cada planograma em sua gôndola. Implantar a comunicação visual.		✓
PONTO DE VENDA Separar os equipamentos necessários antes da chegada da equipe. Receber as pessoas que participarão da implantação. Tirar fotos da categoria ANTES da nova implantação. Organizar no estoque os produtos que não couberam na gôndola. Limpar as prateleiras. Tirar as fotos APÓS a nova implantação.		✓

Checklist: depois do Dia D

ATIVIDADE	RESPONSÁVEL	STATUS
MERCHANDISING Verificar que os planogramas estão sendo respeitados.		✓
SATISFAÇÃO Realizar a pesquisa após a implementação. Analisar os resultados. Divulgar os resultados para as pessoas implicadas no projeto.		✓

Sortimento

É evidente a importância que todo sortimento esteja disponível na loja no Dia D para a implementação do novo planograma. A loja deve então fazer seus pedidos de novos produtos com a antecedência necessária, e a equipe do projeto deve se assegurar que essa tarefa seja realizada.

198 Guia de Gerenciamento por Categorias

Da mesma forma, não devem ser implantados na gôndola os produtos que não fazem mais parte do sortimento, quer sejam os produtos que foram excluídos pelo *Category Manager*, ou obsoletos e presentes na loja.

Em resumo, o novo planograma deve refletir ao pé da letra o que foi definido entre o varejista e seu fornecedor, tanto do ponto de vista qualitativo (respeito ao planograma), quanto quantitativo (respeito do sortimento).

A falta de rigor neste passo pode afetar diretamente os resultados esperados para a categoria. O acompanhamento do *checklist* detalhado permitirá se assegurar de que a loja terá a totalidade do sortimento previsto, que este será bem implantado, que as informações para o cliente serão feitas corretamente em uma loja limpa, bem arrumada, e que reflete exatamente e fielmente o que desejamos. A metodologia aqui explicada pela implementação na loja piloto vai se aplicar da mesma maneira quando o momento do *roll-out* chegar.

Pricing/promoção

Recomendo separar todos os produtos obsoletos e deletados do sortimento do resto do estoque, quer dizer, do sortimento atual. Eles têm de ser eliminados! Para isso, sugiro colocá-los em promoção na ponta de gôndola (ou outro espaço adequado) por faixa de preço, para facilitar sua venda rapidamente.

É importante também que os fornecedores participem "economicamente" dessa limpeza, uma vez que isso é parte integrante da metodologia, mas também porque vai acelerar essa limpeza. Na realidade, é o interesse de todos que o estoque esteja o mais saudável possível, o mais rapidamente que puder. Os resultados da categoria vão melhorar rapidamente. Os fornecedores e os varejistas devem então prever um budget para baixar os preços desses produtos, que correm o risco de se eternizarem nas lojas e penalizar os resultados da categoria se não forem corretamente tratados.

Merchandising e ponto de venda

É também essencial ter os equipamentos em bom estado e que estes estejam disponíveis no dia D para o correto desenvolvimento do trabalho de implantação do novo planograma. Sem isto, não podemos realizar a implantação de forma satisfatória.

Preparar com antecedência os equipamentos que serão utilizados faz parte de uma boa organização, indispensável para uma implementação correta. A vida cotidiana da loja nem sempre permite antecipar as tarefas e isso geralmente se traduz em uma grande perda de tempo no momento da implantação.

Enfim, a preparação dos materiais que farão parte desta tarefa final do trabalho é essencial. São eles que irão comunicar aos *shoppers* todo o trabalho que foi realizado, portanto não devem ser negligenciados. É um pouco triste fazer tudo isso para melhor atender nossos *shoppers* e não contar para ele!

Atenção

Os clientes não gostam que mudemos seus hábitos, eles gostam de encontrar seus produtos sempre no mesmo lugar.

Se a implementação for de uma grande categoria ou uma solução completa, recomendo comunicar sua nova implantação no tabloide, ou ainda melhor, em um *flyer* específico que pode ser distribuído na entrada da categoria ou da loja. Indicaremos as informações das mudanças realizadas, de forma que os *shoppers* não fiquem incomodados pelas modificações geradas e compreendam por que foram realizadas.

Se seu budget permite e se a mudança realizada se justifica, o capitão da categoria pode colocar uma pessoa à disposição dos *shoppers* na loja durante quinze dias. Ele ficará próximo às categorias que foram modificadas e indicará o novo lugar.

Satisfação

Um ponto muito importante para se assegurar que o trabalho foi bem feito: conhecer a reação dos *shoppers* depois das mudanças realizadas. Recomendo realizar a pesquisa pré e pós-implantação, para medir de forma qualitativa e quantitativa a percepção dos *shoppers*. Em seguida, fazer o aperfeiçoamento que se fizer necessário. Esta tarefa é de responsabilidade do capitão da categoria.

Nada é mais motivante do que ver nosso negócio implementado e gerando vendas, rentabilidade e uma resposta positiva do nosso *shopper*.

--- Os pontos importantes deste capítulo ---

- organização da implementação do nosso projeto na loja-piloto;
- as etapas a seguir para que ela seja um sucesso;
- segurança do acompanhamento.

Opinião Profissional

Na escala da história do comércio, o Gerenciamento por Categorias é uma técnica recente, assim como merchandising, *packaging* ou *supply chain,* e hoje todas elas são muito divulgadas e importantes. De minha parte, e acredito que também seja um sentimento dividido na Système U, o Gerenciamento por Categorias é, antes de tudo, um estado de espírito, além de um negócio de bom senso... Não procuro, afirmando isso, subestimar o que traz essa metodologia, que permitiu melhorar a performance da rede de lojas U, tendo sido o primeiro a implementar em nosso lineares... Simplesmente, acho que um bom comerciante, quer ele seja um fenício da Antiguidade ou um Vendéen do século XXI, sempre soube se adaptar ao seu mercado, ao seu cliente...

O comércio é feito de adaptação. O paradoxo, e sobretudo a força do Gerenciamento por Categorias, é ter trazido uma metodologia para organizar a adaptabilidade.

Hoje, a técnica nos permite construir os módulos de sortimento em função de nossos eixos estratégicos, complementado por elementos próprios à especificidade de cada categoria, definir um sortimento declinado aos diferentes formatos e tipologias da região. Esses módulos são compostos de uma recomendação de sortimento e alimentado pelas ferramentas de pedidos. Esse dispositivo é complementado de propostas tarifárias realizadas pelas equipes regionais, que podem integrar o *back-office.*

A dificuldade em matéria de equilíbrio é até onde ir na metodologia, uma vez que, se ela se tornar muito rigorosa, assegura, porém aniquila a iniciativa? Para evitar isso, é preciso se manter aberto, observar seus clientes e dividir com seus fornecedores. Sobre este último ponto, o Gerenciamento por Categorias é salutar uma vez que para ser eficaz e real, deve-se manter a troca bidirecional e contínua.

Para um grupo como o Système U, que reclama por novos comerciantes, quer dizer de um comércio que se faz pela soma de práticas e comportamentos do bom comerciante e das técnicas eficazes do varejo, o Gerenciamento por Categorias é imprescindível.

Estou persuadido que a leitura deste livro terminará por convencê-lo.

Serge Papin
Presidente Système U

Passo 8
Revisão do *scorecard*

Objetivo

Medir o progresso realizado através da atualização do *scorecard*.

Garantir a integralidade do comprometimento do *business plan* inicial, considerando os diferentes passos da metodologia, os problemas identificados e as ações corretivas que necessitam ser colocadas em prática.

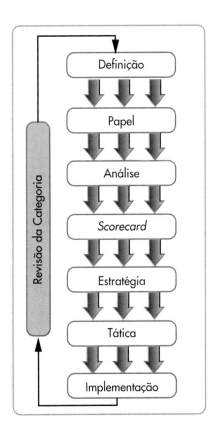

■ O BALANÇO DA IMPLEMENTAÇÃO

Uma má performance pode ter sido gerada por uma dificuldade temporária. Por exemplo, uma dificuldade logística irá afetar diretamente os números da categoria. Logo, não é um problema sobre as decisões comerciais tomadas pela equipe.

Se existirem problemas de produção no fornecedor, é melhor adiar a implementação até que as entregas sejam normalizadas.

■ UMA TABELA DE SÍNTESE

Para aqueles que são responsáveis por várias categorias, minha recomendação é ter uma tabela sintética com todas as categorias no mesmo lugar, e outra específica por categoria (já definida no passo 4) que deverá ser preenchida.

Para a tabela prever:

– Categoria: o nome da categoria;

– CA (A-1): as vendas do ano anterior;

– CA (A): vendas do ano em curso;

– GAP (%): progressão do ano em curso em relação ao ano anterior;

– Número de revisões anuais: número de revisões anuais já efetuadas.

CATEGORIA	VENDA VALOR (A-1)	VENDA VALOR (A)	GAP (%)	NÚMERO DE REVISÕES ANUAIS

■ O ACOMPANHAMENTO DO *SCORECARD*

O acompanhamento de nosso *scorecard* será feito em dois tempos:

Acompanhamento trimestral

Ele será feito três meses após aplicação completa da metodologia. Para ser feito, vamos comparar a loja-piloto com as loja-espelho definidas. As lojas espelho devem ter as mesmas características de tamanho, concorrência, e perfil de cliente.

O ideal para que este passo seja o mais significativo possível é ter várias "loja-espelho" para cada "loja-piloto", pertencente ao mesmo cluster. Se por alguma razão isso não for possível, e se trabalharmos a metodologia para apenas um tipo de loja, esta deve ser do maior formato possível. Em seguida, poderemos afinar o sortimento para as lojas menores.

Ao final de três meses, mediremos os resultados e faremos as correções necessárias. Se o resultado for um sucesso, iniciaremos a multiplicação para as demais lojas.

Três meses após a primeira medição, ou seja, seis meses depois da implementação, acompanharemos apenas a loja-piloto, uma vez que a loja-espelho tem apenas a função de validação dos resultados com a loja-piloto e a tomada de decisão de multiplicação.

Acompanhamento anual

Um ano após a implementação, recomeça todo o processo.

Minha recomendação é reiniciar a partir do passo 3 (avaliação), uma vez que nem o comportamento do *shopper* (passo 1), tampouco o papel escolhido (passo 2) sofrem mudanças a cada ano. Esta recomendação também é válida para o passo 5 (estratégia).

METODOLOGIA SIMPLIFICADA

A metodologia simplificada é composta de 5 etapas:

– avaliação;

– *scorecard*;

– tática;

– implementação;

– revisão.

204 Guia de Gerenciamento por Categorias

Esta recomendação é válida quando não existe:

– uma nova pesquisa *shopper* ;

– uma mudança de estratégia da empresa que impacta diretamente no "papel da categoria" e por consequência a estratégia da categoria;

– quando os 8 passos nunca foram aplicados. Você encontrará no passo 4 todos os parâmetros e tabelas disponíveis para a construção do *scorecard* revisional que fará com os dados que terá disponíveis.

No passo 4, você preencheu as colunas A-1 e Budget. Agora você preencherá as colunas que ficaram faltando: A, A *vs.* A-1 e Budget *vs.* A. Desta forma, você terá uma visão clara e concreta dos resultados do *business plan* da categoria que foi implementada e poderá recomeçar o processo.

Abaixo, uma lembrança da tabela *shopper* para ser preenchida que já se encontra no passo 4.

1-*SHOPPER*	A-1	A	A *vs.* A-1	BUDGET	BUDGET *vs.* A
PENETRAÇÃO					
FREQUÊNCIA DE COMPRA					
TICKET MÉDIO					
TOTAL					
1A – *SHOPPER*	ANTES EM%		DEPOIS EM%		EVOLUÇÃO
SATISFAÇÃO					

Os pontos importantes deste capítulo

- A importância do ciclo contínuo da metodologia através da revisão.
- Acompanhamento trimestral do *scorecard*.
- Acompanhamento anual do *scorecard*.
- Metodologia simplificada.

Na versão francesa deste livro, temos o que chamei FICHA DE IDENTIDADE DA CATEGORIA. Estas fichas contêm as principais informações de cada uma das 55 categorias analisadas:

- Introdução com dados de mercado;
- Definição da categoria;
- Papel atual e desejado;
- Árvore de Decisão;
- Abrangência, produtos substituíveis e complementares;
- Segmentação da categoria,
- Estratégia de marketing e de imagem;
- Planograma.

O objetivo desta parte foi dar todas as informações essenciais aos varejistas que gostariam de fazer o Gerenciamento por Categorias de forma independente. Ou melhor, para os varejistas que "precisam" fazer de forma independente, uma vez que não tem acesso a esse serviço por parte da indústria. As informações disponibilizadas são o resultado de pesquisas com o *shopper*, que normalmente são de propriedade da indústria que tem a cultura de investir nesse tipo de conhecimento. O varejista investe em terrenos, novas lojas, reformas, e normalmente nem sequer tem em seu budget alguma verba prevista para esse fim.

Para a versão em português, não foi possível fazer a tradução por dois motivos:

1. Não corresponde à realidade brasileira;
2. O custo do livro ficaria menos acessível.

Em função disto, decidimos publicar apenas a primeira e segunda parte. O que para o mercado brasileiro já é fantástico, uma vez que não existe hoje bibliografia disponível deste tema.

De qualquer forma, para aqueles que tiverem muito interesse em uma categoria específica e que queiram comparar os dados franceses com o mercado brasileiro, basta escrever para rh@evolutionconsulting.com.br que, neste caso, se tivermos as informações da categoria solicitada, as enviaremos sem nenhum problema.

Espero que o objetivo deste livro tenha sido atingido e que vocês estejam aplicando a metodologia em suas empresas.